Femmes de marins-pêcheurs à Arcachon

Deux siècles de partage et de soutien

Témoignages et Récits

Femmes de marins-pêcheurs à Arcachon

Deux siècles de partage et de soutien

Paulette Abbadie-Douce

ALAN SUTTON

Editions Alan Sutton
8, rue du Docteur Ramon
37540 Saint-Cyr-sur-Loire

Première édition juin 2006

ISBN 2-84910-432-9

Dépôt légal : juin 2006
Imprimé en Grande-Bretagne par Oaklands Book Services Limited, Gloucestershire

Sommaire

Remerciements

A mes enfants, à mes petits-enfants.
Un merci très particulier et très afffectueux à Anne, Vincent-Bastien et Pierre.
A Charles Daney, pour la qualité de ses renseignements et le prêt de ses livres.
A Noël Gruet, pour nos entretiens et les précieux documents et photos qu'ils m'a transmis.
A messieurs et mesdames : Jean-Marcel Castaing, Robert Mora, Reine Sentuc, Roger Donard, Hélène Thomas et Benoît Laborde, Jean Desbot, monsieur Dazen, pour leurs entretiens passionnants et amicaux.
A Eliane Keller pour le prêt spontané de ses cartes postales.
A Gilberte le Bruchec pour ses recherches historiques.
Merci à tous les membres du club internet HTBA (Histoire et tradition du bassin d'Arcachon) qui m'ont souvent éclairée sur des détails parfois très pointus.
A monsieur Baillard de l'Agence de communication BS Média pour l'aimable autorisation de publication de sa carte du bassin d'Arcachon.
A Françoise et François Cottin pour le prêt de leurs illustrations.
A monsieur le maire de Gujan-Mestras pour m'avoir autorisé la reproduction du tableau de son bureau.
Au peintre Maurice Granet, d'Arcachon, pour la qualité de son œuvre de couverture de l'ouvrage.

Je dédie ce livre à :

Monique Philip, présidente de l'Association des femmes de marins-pêcheurs du bassin d'Arcachon.

Je le dédie aussi à toutes les femmes de l'Association que la rédaction de cet ouvrage m'a permis de découvrir.

Pour leurs soucis communs de compagnes de marins-pêcheurs qui, pour satisfaire leur passion de cette mer qui les fait vivre, en affrontent chaque jour les risques et les dangers.

Pour la défense de leurs droits de femmes qui assure la stabilité de cette communauté maritime.

Logo de l'Association des femmes de marins-pêcheurs du bassin d'Arcachon.

Préface

Attendre n'est pas un événement. C'en est même le contraire. Nous pourrions l'appeler un non-événement si l'attente n'occupait pas une aussi grande importance dans notre existence. Qu'elle soit joyeuse, excitante, inquiète, angoissante, c'est toujours un instant d'émotion, un instant qui se prolonge parfois au-delà du supportable. On se donne mille raisons d'espérer et autant de désespérer.

Attendre, c'est placer l'espoir ou le découragement hors de soi. Sans prise sur l'événement qui provoque l'impatience. Un de ces moments où rien ne dépend plus de vous mais de l'autre qui est loin et dont vous vous demandez ce qu'il devient. Sur lequel vos pensées divaguent. Les femmes de marins le savent. Un vieux conte de chez nous dit que, lorsqu'elles montent sur la dune, elles comptent les moutons de la mer qui sont les âmes des marins morts sans sépulture. Quand elles montent sur la dune, ce n'est pas pour voir les moutons de l'Océan, c'est pour se trouver au cœur une raison d'espérer.

Ceux qui ont les pieds au chaud quand hurle le vent ou gronde l'Océan pensent aux marins quelquefois, jamais aux femmes de marins. Bruno Labarbe, quand il écrivait *Les Caprices du Bassin* me disait le creux à l'estomac ressenti chaque fois que, franchissant les passes, il pensait à ceux de ses camarades à qui, un jour, elles se sont refusées.

C'est parce qu'elles savent cela mais aussi qu'on peut échapper aux destins mauvais que les femmes de marins ont confié à Paulette Abbadie-Douce le soin d'écrire un livre pour elles, bien à elles. Parce que l'aventure des marins, c'est aussi la leur. Après la lecture de ce livre, nous les oublierons un tout petit peu moins.

Charles Daney

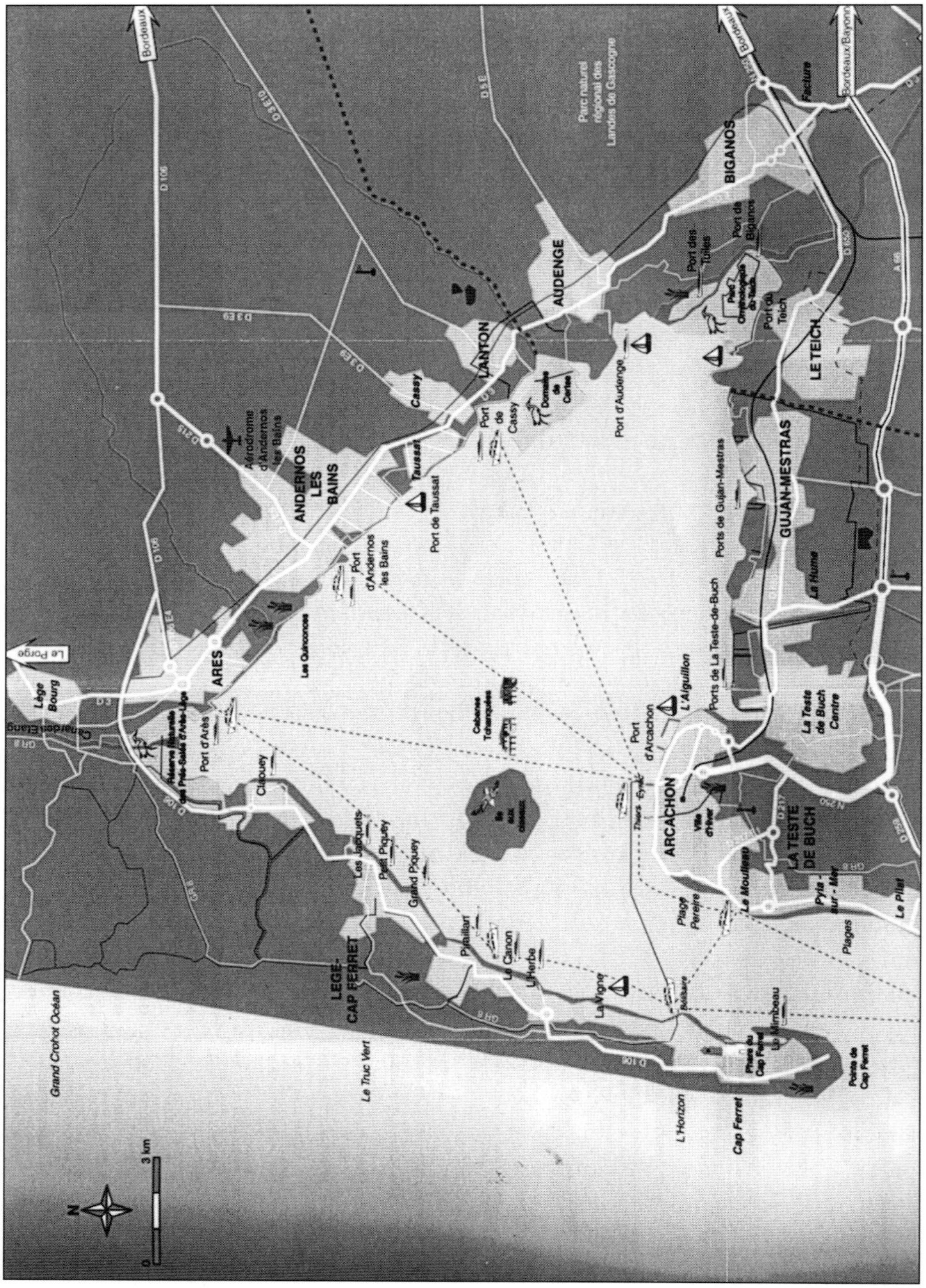

Carte du bassin d'Arcachon.

Andréa, au temps de la *péougue*

28 mars 1836. Quelque part dans la forêt usagère de La Teste.

Frémissante encore de la tempête qui a sévi toute la nuit, la forêt s'éveille à peine. Une aube glauque se lève sur un tapis d'aiguilles, d'écorces, de branches cassées. La cabane de Jules Castaing a vibré longuement hier soir sous les assauts du vent qui refoulait les cendres encore chaudes de la cheminée où les crêpes de seigle avaient grésillé tard dans la nuit. La veillée des Rameaux avait été joyeuse, on avait invité le voisin pour fêter l'entrée dans cette semaine pascale. On avait beaucoup parlé, un peu bu le vin du terroir, à la lumière des chandelles et du feu où les pignes et le bois suant de résine pétaradaient bruyamment. On se réjouissait de retrouver le lendemain la maison du bourg et tous les amis, de connaître les nouvelles de La Teste, d'accompagner la procession jusqu'à la paroisse où les branches de laurier, espérances de bonheur, seraient bénies et sècheraient peu à peu toute l'année sous les crucifix dans les maisons.

Le vent s'est un peu calmé. Jules en a profité pour atteler sa mule à la charrette. Jeantou dort encore dans son berceau de bois grossier, non loin du foyer éteint. Sa femme Marie et Augusta, sa fille, chargent les petits fagots de *gouates*, ces bûchettes de bois résineux si prisées par ses clients du bourg. Elles calent les branches bien taillées pour les piquets de vigne et les perches pour les filets de chasse, autant de petits profits qui aideront à acheter des provisions pour la longue quinzaine, dans ce monde fermé de la forêt où Marie, à force de courage tranquille, assure un quotidien si pauvre ! Elle ajoute en son chargement quelques pots de miel au délicat parfum d'ajoncs et de bruyères, qu'elle a récolté patiemment pour une riche famille du bourg, supplément de tâche pour un profit non négligeable. Augusta, dans la candeur de ses treize ans, sautille de joie autour de la charrette, tout heureuse de cette évasion dominicale, toute au bonheur de partager quelques rires et jeux de son âge avec les copains du bourg.

Un jour sans soleil éclaire à présent les troncs saignés où perle la résine. C'est l'heure de partir, la route sera longue dans les chemins de sable. Tandis que Marie vérifie la fermeture du poulailler, Augusta a sauté prestement dans la charrette, sur un coin de banquette qui lui est réservé. Déjà femme, elle mesure toute la responsabilité du précieux fardeau déposé avec amour par sa mère sur ses genoux : Jeantou, encore endormi, qu'elle enveloppe dans sa longue pèlerine sombre.

« Hue, dia ! », un claquement de fouet et la charrette s'ébranle. Jules et Marie marchent au pas égal de la mule, pèlerine au vent, un vent ouest nord-ouest adouci, certes, par la ceinture arborescente, mais qui retrouve toute sa puissance lorsque les lignes dunaires se profilent à l'horizon. Ils ont si souvent fait cette route dans des aubes radieuses où le soleil enflammait tour à tour les fûts bien droits, réveillait les senteurs de mousse fraîche et de résine, les oiseaux dans les branches, et transformait en perles de cristal les gouttes de résine. Ces matins-là, ils se fondaient dans cet univers en harmonie totale avec cette nature libre et vierge qui est leur vie. Ils savaient que le soir, dans le doré du couchant et dans la nuit qui, lentement, les envelopperait, ils retrouveraient leur paix.

Pourquoi, en ce matin de fête si prometteur, le ciel n'est-il pas en harmonie avec leurs cœurs ? Mais les gens simples sont fatalistes, la nature est capricieuse, on la subit, et leurs pieds nus s'enfoncent d'un pas égal dans le sable humide et froid du chemin. Enveloppés dans leur pèlerine, ils luttent contre ce vent qui freine leur marche et leur glace le cœur.

Bientôt, au-delà des dunes, le clocher de La Teste émerge d'une brume lointaine et le vent qui se joue du sable en fait un écran qui masque les premières maisons du bourg. Ils ont quitté les sentiers de sable et la charrette roule à présent dans les *carreyres* du bourg, bien cahotantes encore ! Jeantou s'est réveillé, Augusta serre plus fort sa pèlerine autour du bébé et une chanson très douce couvre le grincement des essieux.

« Adichats, adichats ! » C'est l'accueil de quelques groupes frileux qui longent les maisons de bois. Mais ce n'est pas, ce matin, le *« bouno journado »* joyeux et clair en ce parler *cla*[1] qui leur chauffe le cœur comme à l'accoutumée. Des petits groupes se pressent au loin autour de l'église, où les cloches égrènent un tintement lent et triste qui ressemble à un glas, alors qu'ils attendaient une envolée joyeuse de cloches carillonnantes annonçant la procession des Rameaux. Presque instinctivement, la mule s'est arrêtée devant leur maison crépie d'un blanc sale qui accuse les assauts de l'hiver. Un silence étrange règne dans la maison d'Andréa Dupouy leur voisine. D'habitude, des cris joyeux et des souhaits de bienvenue président aux retrouvailles du monde de la forêt et de la mer. Jeantou dans les bras, une angoisse au cœur, Marie se précipite… Sur le banc de bois, près de la cheminée, les deux petits, Henri et Gustave, mangent leur brouet de maïs, la *curchade*, sous l'œil attentif d'Estelle, la grande sœur et amie d'Augusta, et d'Emmanuel, son frère aîné. Des sanglots

dans la voix, ils laissent éclater leur peur et leur chagrin : « *Maman est à l'église, elle prie avec les autres femmes... nous avons peur. Papa et Victor ont embarqué le 23 sur l'*Augustine *avec six autres chaloupes... Ils ne sont pas revenus... Deux chaloupes seulement sont rentrées... On est sans nouvelles des autres...* » Estelle tombe en sanglots dans les bras d'Augusta.

« *Victor...* » et Augusta revoit soudain ce grand et beau garçon auquel elle rêve souvent en ramassant les écorces résineuses au pied des pins ou en berçant tendrement Jeantou dans son berceau de bois.

Marie a vite pris la situation en main. Le bébé Jean et les petits d'Andréa confiés aux soins des deux fillettes, Jules occupé à décharger la charrette avec Emmanuel, elle court pour retrouver les femmes à l'église. Courir... après les heures de marche dans la forêt et le vent infernal qui la repousse, la course est lente mais l'énergie se décuple. Il faut soutenir ces femmes en détresse. C'est alors que soudain, elles sortent en courant de l'église, pêcheurs et familles surgissent des maisons et un cri qui enfle s'exhale des poitrines, cri d'espoir et de délivrance peut-être : « *On les a vus, le vent les a drossés en face du Cap-Ferret, sur la côte océane...* » Et c'est la ruée vers le chenal, où les *tilloles*[2], ancrées au bord de la petite mer de Buch, s'agitent frénétiquement sur le Bassin qui se mesure à l'Océan déchaîné dans les passes meurtrières.

De Mestras, de Gujan, instinctivement, déjà, barques et *tilloles*, à coups de rames rageuses, ont pris la direction de la pointe du Cap-Ferret. La Teste les rejoint, il faut braver ces flots avaleurs d'hommes qui leur prennent trop souvent époux, fils et frères... Essayer de les secourir est le but ultime, au mépris de leur propre sécurité sur ces frêles esquifs où femmes et hommes, si souvent, pêchent dans le Bassin sous des cieux plus cléments. Mais l'espoir est si fort... Une chance, peut-être, de les arracher au piège infernal.

La plage du Ferret atteinte, il faut courir à travers cette forêt sauvage pour atteindre la côte océane, nue, sans maisons, sans refuge quelconque, sur laquelle les marins ont toujours redouté de s'échouer. Ont-ils choisi d'aller vers ce nord inhospitalier pour échapper à la folie des passes, ou le vent les a-t-il littéralement drossés dans cette direction ? Nul ne sait... Mais là, le spectacle est dantesque. Le vent souffle en furie, soulève des vagues vertigineuses qui s'écroulent dans un fracas assourdissant en gerbes d'écume jaunâtre. Au large, dans le bouillonnement des vagues successives, terrorisés, ils aperçoivent les chaloupes ballottées, fétus de paille sur la mer déchaînée. Hommes debout, accrochés aux montants, bras levés vers les nuées d'encre, implorant un ciel qui ne leur laisse aucun espoir. Hommes accrochés aux mâts quand la chaloupe, rageusement soulevée, se dresse à la verticale pour retomber plus loin, littéralement désagrégée. Déjà, des morceaux d'épaves commencent à envahir la plage. Impossible de mettre une embarcation à l'eau pour un secours quelconque. A grands coups de boutoir, l'Océan les submerge... L'une reparaît plus loin... l'autre disparaît à jamais, vaincue dans ce combat inhumain. Impuissants et terrifiés, familles et amis verront disparaître ainsi leurs derniers espoirs, leurs dernières illusions, jusqu'à épuisement, jusqu'à ce que toute trace humaine disparaisse à jamais, jusqu'à ce que leurs derniers cris se soient tus, noyés dans le vacarme du vent fou et des vagues sauvages.

Et Andréa, chancelante, à bout de forces, ivre de douleur, s'effondre dans les bras de Marie.

Dessin du gran malhour. *(Collection Françoise et François Cottin.)*

Quelques années ont passé depuis ce jour du *gran malhour*, où les familles meurtries avaient regagné, désespérées, les *tilloles* qui les ramenaient au port. Emmanuel avait ramé, la rage au cœur, les yeux secs, la mâchoire serrée, tandis que les sanglots de sa mère, dans les bras de Marie, se mêlaient au déchaînement des flots... Jules avait, ce soir-là, regagné seul sa cabane des bois dans sa charrette vide, au pas lent de sa mule, qu'il n'avait pas le courage de faire avancer plus vite, tout entier au désespoir qu'il venait de partager.

Marie et Augusta avaient pris les choses en main, préparé le repas, couché les petits, inconscients du drame qui se jouait, mêlé leurs pleurs et réconforté Andréa, Estelle et Emmanuel, sur les épaules duquel pesaient déjà toutes les responsabilités du chef de famille. La mer n'avait jamais rendu les corps du père et de Victor. Ceux de quelques marins avaient été rejetés sur la plage maudite, et Andréa avait envié les veuves qui pouvaient offrir une sépulture décente aux leurs. Mais, dans le fond de son cœur, elle acceptait que cette mer, à laquelle ils avaient voué leur vie, reste pour eux la sépulture qu'ils auraient peut-être choisie… Elle s'était jointe, quelquefois, sans trop y croire, aux cortèges des femmes en noir, veuves, mères et sœurs, qui se rendaient sur le cordon dunaire enserrant La Teste, ce poste de vigie surplombant l'Océan où elles priaient pour les moutons de la mer, cette écume blanche qu'elles attribuaient aux âmes des marins naufragés, prisonniers des flots, et qui n'avaient pas reçu de prières des leurs. Mais elle n'y trouvait pas la paix espérée.

Andréa est de la « race des femmes fortes », de ces femmes de marins qui ont trop souvent tremblé dans l'attente des retours, tandis que maris, frères ou fils, dans leurs frêles esquifs secoués dans la tourmente, labouraient l'Océan pour la survie de la famille. A son tour, le malheur l'a choisie. Mais elle a fait face. Tout d'abord, elle n'a pas voulu se séparer de ses jeunes fils, a résisté à la sollicitude de l'évêché, fort de la reconquête spirituelle du pays imposée par Charles X. Elle a refusé de les confier à l'abbé Dupuch, envoyé sur place par monseigneur de Cheverus afin de les recueillir, pour soulager les familles, dans un domaine aux portes de Bordeaux[3]. Dans l'adversité, elle a considéré que la famille devait rester unie. C'est avec ses enfants qu'elle puiserait la force de lutter, elle trouverait toujours le moyen de les nourrir, même s'ils devaient partager des repas de misère.

Son plus grand souci s'est porté sur Emmanuel, son garçon plein de santé dans sa vingtième année qui allait partir à la conscription, ce long service militaire pour lequel il avait été reconnu apte médicalement au conseil de révision. La mer lui avait ravi deux hommes, il n'était pas possible que l'armée lui prenne le troisième qui, très vite, conscient de ses responsabilités, se prenait déjà à mille travaux pour parer au plus pressé : nourrir ses frères et sœurs et ne pas abuser de cette charité solidaire qui s'était créée, dans l'urgence des besoins immédiats, où la paroisse tenait le premier rôle.

Alors elle s'est battue. Ignorante des lois et décrets qui régissaient son pays en cette période trouble de la Restauration, elle a su trouver très vite, en femme forte et décidée, les moyens qui lui ont permis d'obtenir de précieux renseignements. Elle avait découvert le système de tirage au sort qui pouvait exclure Emmanuel de son enrôlement, mais ne pouvait compter uniquement sur la chance pour aboutir à son plus cher désir. Elle savait aussi qu'il existait la possibilité de se faire remplacer, mais elle était dans l'incapacité d'assurer le financement nécessaire à cet effet. C'est alors que le commissaire des classes de La Teste, très éprouvé par ce naufrage, considéra que la situation d'Andréa, qui avait perdu son mari et son fils, était prioritaire dans l'urgence des secours à apporter. Il se référa alors à la réglementation prévoyant les exemptions de la conscription[4]. Quelques mois plus tard, Andréa recevait par la poste une lettre timbrée des services de la Marine royale lui assurant l'exemption d'Emmanuel de la conscription nationale.

Emmanuel Dupouy devenait chef de famille, d'une famille à reconstituer, d'une famille blessée, fort de l'appui d'une mère dont il découvrait chaque jour le courage et la force morale. Il fut très vite embauché comme mousse, devint « Petit Manu » au sein de l'équipage et le pilote du *Goéland* eut tôt fait de repérer en lui, au fil des mois, une résistance farouche dans les situations périlleuses, un esprit de décision remarquable dans la difficulté, une solidarité évidente avec l'équipage. En accord avec l'armateur, le pilote lui proposa de l'intégrer à l'équipe des douze rameurs sur lesquels reposait la sécurité de ce monde clos, ballotté au gré des courants, unis pour faire front à l'Océan imprévisible. Petit Manu donna sa parole, conscient de l'engagement qu'il prenait, de la dureté de la tâche, il assumait enfin son rôle de chef de famille : il recevrait de l'argent à chaque campagne de pêche et ramènerait sa part de poisson, même s'il savait qu'argent et pêche n'étaient pas toujours partagés de façon équitable !

Dans les retours de pêche, l'approche des passes meurtrières réveillait en lui un chagrin toujours à vif et, farouchement, il maintenait la cadence infernale des rames, l'œil rivé sur le pilote, seul maître à bord, dans une concentration extrême, qui jaugeait la situation. Mais, quand la houle n'avait pas été trop menaçante, quand la chaloupe avait pu jouer adroitement sur les vagues, proue vers le Bassin, et avait longé les grands pins plantés dans les dunes qui servaient de repère, retrouvant enfin son équilibre dans la petite mer de Buch, le cœur de Petit Manu battait très fort. Très vite, il repérait la croix de bois en face de la chapelle des marins, la pointe de l'Aiguillon et, au-delà, le clocher de La Teste. Sur la grève, il devinait toutes ces femmes en noir, ces fidèles compagnes qui avaient partagé ses angoisses et exprimé leur soulagement. Très vite, la haute silhouette de sa mère se profilait aux côtés de celle, plus fragile, d'Augusta, sa jeune épouse, la taille alourdie de leur premier enfant. Leurs yeux se croisaient très vite, brillants de bonheur.

Augusta, la fille du résinier, avait scellé son alliance avec Emmanuel le marin-pêcheur, au grand bonheur des deux familles dont l'amitié s'était fortement soudée depuis le malheur. Augusta avait été très vite séduite par ce garçon qui respirait la liberté des grands espaces marins, tanné par le vent et le soleil alors que, dans son monde clos de la forêt, elle ne côtoyait que garçons maigres et chétifs. Andréa avait accueilli avec tendresse cette nouvelle fille qui allait partager la vie si dure du chef de famille. Elle appréciait Augusta, l'avait vue grandir, aimait sa spontanéité, sa gaieté, toujours prête à seconder sa mère dans la vie difficile de femme de résinier. Estelle, sa grande fille, s'éloignait de plus en plus de la maison familiale attirée par Charles, le grand ami de Victor disparu, marin-pêcheur à Gujan, et Andréa pressentait que sa vie l'éloignerait de La Teste.

Augusta, fille de la forêt, avait assumé sa nouvelle responsabilité de femme de marin, alors que Petit Manu, si souvent absent, luttait avec l'Océan pour lui arracher la subsistance de la famille. Dès le terrible malheur, elle avait vu Andréa se battre sur tous les fronts, arrachant Emmanuel aux griffes de la conscription, tout en s'occupant aussi de ses jeunes fils, qu'elle avait inscrits à l'école primaire de garçons, ouverte depuis peu de temps à La Teste. S'appuyant sur le décret royal de 1833[5] qui imposait l'ouverture d'une école primaire à toutes les communes et demandait d'y accueillir gratuitement tous les enfants pauvres, elle avait décidé Marie à lui confier Jeantou et tous trois profitaient de l'enseignement de ces premiers instituteurs laïques, pleins de zèle, dans une langue qui supplanterait peu à peu le gascon traditionnel : la langue française.

Elle avait admiré son courage et son ardeur au travail, du commencement à la fin du jour, travaillant les champs, bêchant la vigne, battant le grain au fléau, assurant les repas de tous, partant ramasser des coquillages dans les *esteys*[6] à marée basse, qu'elle allait vendre ensuite au bourg.

Elle se souvenait des dimanches lorsque, enfant, avec ses parents, elle venait à la maison du bourg. Elle l'entendait raconter avec d'autres femmes les merveilles de la ville de Bordeaux qu'elles étaient seules en effet à connaître. Au retour des chaloupes, sur la plage, elles attendaient, tout en calmant les piaffements de leurs petits chevaux landais, que les paniers soient remplis de la précieuse manne encore frétillante. Puis, hop ! En selle, bien calées entre deux énormes paniers, ces *péchouneyres* de La Teste partaient, la nuit souvent, à travers la grande lande, sur les poneys infatigables dans les sables, jusqu'à Bordeaux ! Là, le poisson tout frais était très apprécié, surtout en période de carême où, dans le respect scrupuleux des rites chrétiens, il supplantait la viande. Malgré leur fatigue, les poches pleines du produit de la vente, elles découvraient les merveilles de la grande ville dont elles ramenaient quelque petit trésor précieux introuvable dans leur désert de sable et d'eau.

Quand les enfants étaient à l'école, profitant de la marée haute, Andréa et Augusta conduisaient leur *tillole* pour pêcher les sardines nombreuses dans les eaux du Bassin.

Quand leurs écailles brillantes pullulaient à travers les filets, attirés par la *rogue* (mélange nauséabond d'œufs de morue et de sable) et que les paniers débordaient de frétillements argentés, vite, elles revenaient sur la berge. Andréa laissait à la maison la part pour le repas du soir et sillonnait ensuite les *carreyres* du bourg où elles disparaissaient vite dans les plats des ménagères attirées par les cris bien connus de *« Royans frais ! royans frais ! »*. Augusta se faisait un plaisir d'aller en forêt, de cabane en cabane, ravitailler les gens qu'elle connaissait bien. C'était un rayon de soleil qui arrivait, sa clochette attirait les femmes, la petite balance pesait inlassablement, tandis que toutes écoutaient avec avidité les nouvelles du bourg.

Jules et Marie partageaient à présent leur temps entre la cabane en forêt et la maison de La Teste. Jules avait choisi le métier de résinier à l'époque de l'extension de la pignada et du développement du gemmage dans la forêt usagère. Marie l'aidait et ils vivaient chichement de la vente des produits résineux, de la récolte du millet, du seigle, de l'élevage de quelques poules ou canards. La Teste était alors un grand port résinier et un grand marché de céréales. Jules ne connaissait de la pêche que celle qu'il pratiquait souvent au bord de l'Océan, après une journée harassante de gemmage. Il partait la nuit, pieds nus dans les chemins de sable, et arrivait près des dunes, là où les soles sont les plus belles. Il choisissait les nuits sans lune afin que, seules, ses torches de résine enflammées guident le poisson vers sa foène[7] meurtrière. C'était un bonheur pour lui de ramener ces belles prises à Marie qui partait à l'aube vendre les plus belles au bourg, gardant pour sa famille les pièces les moins grosses. L'idée de la pêche dans la petite mer de Buch[8] leur était venue alors qu'ils venaient souvent à La Teste soutenir Andréa, voir leur petit Jeantou qui était à l'école du bourg et rencontrer leur fille devenue femme de marin. Jules s'était joint aux hommes de la pêche à pied, il prenait les crevettes à l'*esquirey* (petit filet que l'on poussait devant soi à pied), les crabes à la nasse, les soles et les anguilles à la foène. Il ramassait aussi les moules, clovisses, pétoncles, coques et bigorneaux que Marie allait vendre. Au plus bas de la hiérarchie des pêcheurs, ces ramasseurs de coquillages étaient méprisés des *palicayres* et des *trahinayres* - qui pratiquaient la pêche à l'aide de filets nécessitant des installations très étudiées - et qui, par dérision, les appelaient *matche-agne* (remue-vase) ! Mais cela ne gênait pas du tout Jules qui voyait dans ce nouveau travail un apport supplémentaire à la vente de la résine et la découverte des larges horizons marins. Quand ils revenaient tous deux pour quelques jours dans leur forêt, à la limite des bois et des prés, et qu'ils arrivaient, le soir, dans le bois, s'élevait un concert de sonnailles. Les bêtes rentraient, c'était l'heure où le chant des cigales s'éteignait, où l'ombre des pins s'allongeait à mesure que le soleil couchant balayait les sous-bois de longs rayons dorés… Ils redevenaient peuple de la forêt et ils aimaient ce retour aux sources.

En cette fin octobre 1850, Petit Manu profite des rayons encore chauds du soleil d'automne dans sa *tillole* échouée sur les joncs maritimes des *crassats*[9]. La marée est très basse et, là-bas, dans les *esteys*, Andréa et Augusta, claques aux pieds, emplissent leurs paniers de coquillages. C'est jeudi, il n'y a pas classe et les deux fils d'Augusta, Léon et Joseph, pataugent allègrement dans l'eau, de la vase jusqu'aux mollets. La mer est leur territoire, leurs jeux sont faits de sable et d'eau et ils en profitent, insouciants et heureux. Petit Manu laisse vagabonder son esprit… il mesure le chemin parcouru depuis ces années terribles où, jeune mousse, il embarquait sur le *Goéland*, il se souvient de l'émoi considérable que *lou gran malhour* avait provoqué, de tous ces orphelins,

Turbot *du capitaine Allègre. (Bulletin de la Société historique et archéologique d'Arcachon.)*

de toutes ces veuves en noir… de la dignité et du courage de sa mère. Il se souvient aussi du nom du capitaine Allègre, qui avait occupé très vite toutes les conversations. Dès la fin de l'année terrible, ce capitaine avait fait, au-devant de La Teste, l'expérience d'un bateau à vapeur, le *Turbot*, qui pêcherait, disait-il, dans l'Océan avec moins de danger pour les marins et ramènerait sans doute plus de poissons. Petit Manu se souvient de la longue ligne noire de ce bateau, de cette haute cheminée d'où s'échappaient des volutes de fumée… Trop jeune et trop peu expérimenté pour apporter un jugement quelconque sur ce bateau révolutionnaire, il était resté néanmoins très impressionné et très touché par ce personnage qui s'intéressait au sort des marins, peu habitués à la sollicitude, mais plutôt à la merci de l'Océan et des passes imprévisibles. Il écoutait pourtant toutes les discussions des camarades, leurs prises de position farouches contre ce projet :

- Les filets se prendront dans les rouages de la machine, disaient les uns.
- Le bateau coûtera trop cher et le poisson aussi, disaient les autres.
- Il faudra payer le combustible…
- Ils ne seront pas capables de naviguer par mauvais temps…

Mais il avait surtout compris combien tous ces marins-pêcheurs avaient peur qu'on leur enlève le monopole de cette *péougue*[10], leur gagne-pain, de la dureté de laquelle ils s'accommodaient… Ils ont l'habitude du danger, ils en tirent de la fierté quand ils ont bravé tempêtes et houles menaçantes.

« Que j'aime, assis sur le rivage
Voir les pêcheurs dans le lointain
Aller en bravant le naufrage
A la mer demander leur pain
Pour chaque voile déployée
Je désire un heureux destin
Et j'attends qu'avec la marée
Ils nous rapportent le butin »[11]

Et c'est ainsi que l'expérience du *Turbot*, et celle de la *Sole* qui avait suivi, étaient tombées dans l'oubli. Tous ces hardis marins avaient continué à ramer et à louvoyer dans les passes, peu désireux de changer leurs habitudes malgré tous ceux qui ne revenaient jamais et les femmes qui n'espéraient plus leur retour...

Petit Manu aime lui aussi ce métier dont il a mesuré tout l'impératif, le péril et le qui-vive perpétuels. Il a vu se succéder dans les années passées encore beaucoup de naufrages dans les passes maudites où les siens avaient déjà sombré ! Tant d'amis ne sont jamais revenus, il se sent tellement solidaire de ses compagnons, de leur rudesse et de leur courage ! Conscient d'avoir été épargné jusqu'à présent, il jouit de ce moment de détente en cette soirée automnale, loin des angoisses de la *péougue*. Des souvenirs pleins de joie et de lumière se profilent : le mariage d'Estelle à l'église de Gujan... la jonchée jusqu'à l'église... les violoneux et les joueurs de vielle... les joyeux carillons des cloches... Puis la naissance de leur petite Armelle qui, avec ses deux fils à lui, est la preuve tangible que la vie, inexorablement, poursuit sa route. Henri, Gustave et Jeantou ce « petit frère » venu de la forêt, la nouvelle génération, les premiers de la famille à avoir fréquenté l'école, qui oublient trop souvent le gascon pour le français, au grand dam de leur mère Andréa qui se refuse à adopter ce langage « barbare » et continue à parler *cla* comme ses ancêtres ! Toujours impétueuse, cette mère qu'il admire, frondeuse et intrépide malgré les petites défaillances de l'âge auxquelles Augusta pallie avec beaucoup d'amour et de reconnaissance. Augusta, si vite adaptée à sa vie de femme de marin avec tout son courage, son abnégation, le rayon de soleil qu'il retrouve après l'angoisse des retours. Il est heureux...

Mais la dure réalité reprend très vite le dessus. Son nouveau rôle de pilote, que l'armateur lui a confié cette année, le rappelle à sa responsabilité écrasante. C'est lui qui guidera ses douze *arameys*[12] et son jeune frère Henri comptera pour la première fois parmi eux... Alors que son esprit tout entier sera dominé par le vacarme des vagues imprévisibles et traîtresses, c'est lui qui devra en évaluer seul le danger, les jauger, les maîtriser, dompteur incontesté des éléments déchaînés si souvent. Soudain, le vent a fraîchi. La mer, sournoisement, pousse ses eaux dans les *esteys* et les chenaux, refoulant lentement vers le sable Andréa et Augusta avec les paniers pleins de promesses de vente. Léon et Joseph les ont rejointes et s'accrochent à leurs mains... Petit Manu est toujours dans sa *tillole* qui balance doucement, perdu dans ses noires pensées.

- Tu vois, dit Andréa à sa jeune compagne, il est déjà parti, tout entier à la prochaine pêche...

- C'est vrai, dit Augusta, il a déjà quitté la maison ; chaque fois, quand le départ approche, il se détache peu à peu de nous, on ne peut plus compter sur lui.

Andréa connaît cela depuis si longtemps... Augusta l'a découvert à son tour. La responsabilité, la crainte du danger occupent son esprit à mesure que l'heure de la pêche se profile et, en femmes attentives, elles s'occupent, seules des préparatifs. Fatalistes comme toutes les épouses de marins, elles l'acceptent ! C'est lui qui part au danger, elles lui évitent tous les soucis matériels que ce départ implique. C'est un combat de plus pour toutes ces femmes.

Quelques jours plus tard, voiles claquant au vent, cinq chaloupes, en file indienne, oscillent doucement sous le flot écumant et limoneux de la marée qui s'insinue peu à peu dans le chenal. Le temps de la *péougue* est arrivé avec la Toussaint et les prémices de l'hiver. Aux jours chauds de l'été, le grand départ a été préparé. Petit Manu et tout son équipage ont soigneusement remis en état les filets mis à mal par les grandes tempêtes, attaché les plombs et les pièces de liège. Ils ont consolidé les cabanes au pied des dunes face au Cap-Ferret, abris protégés pour les chaloupes débordantes d'un poisson encore vif et brillant que des pinasses viendront chercher et ramener au port. Soulagées, les chaloupes pourront repartir plus vite dès que les passes apaisées leur laisseront le loisir de les franchir. Si la houle est trop menaçante, les marins trouveront là repos, abris et réconfort, en attendant d'aller remplir à nouveau les bateaux de leur précieuse manne frétillante. Fini le temps où Andréa, sur la plage, attendait anxieusement le retour du bateau, maîtrisant au mieux son poney piaffant d'impatience, et partait à travers la lande jusqu'à Bordeaux pour vendre son poisson frais !

En dix ans, le peuple besogneux des marins-pêcheurs testerins avait pu apprécier, ô combien, la liaison ferroviaire Bordeaux-La Teste, qui s'était concrétisée par l'inauguration de la gare ! Souvenirs inoubliables de cette journée du 6 juin 1841, écrasante de chaleur, où les autorités civiles et militaires du département avaient fait le trajet en musique depuis Bordeaux et s'étaient jointes à la population pour recevoir la bénédiction de l'archevêque de Bordeaux qui avait fait lui aussi le déplacement !

Donc, ce 3 décembre 1850, Petit Manu, nouveau patron de la chaloupe le *Goéland*, est arrivé très tôt sur la plage aux premiers clapotis de la marée montante. Henri, son jeune frère, nouvel *aramey*, a quitté fièrement la maison avec la bénédiction chaleureuse d'Andréa, malgré l'angoisse qui lui étreignait la gorge : son troisième fils prend la mer à son tour, et son cœur de mère est chaviré ! Il a rejoint ses compagnons rameurs, leurs filets sur l'épaule, enroulés sur des bâtons pointus qu'ils entassent au fur et à mesure sur la plage et y joignent les pieux crochetés pour les grosses prises. Chaque patron a maintenant retrouvé son équipage alors que mères et femmes arrivent par petits groupes serrés et que se profile au loin la silhouette du curé de La Teste, soutane au vent, précédé du jeune enfant de chœur portant fièrement la croix protectrice. Genou à terre, avant le départ, tous recevront la bénédiction rituelle, protection divine qui les rassure avant d'affronter la mer de tous les dangers dans leurs fragiles embarcations. Les femmes mêleront leurs prières à celles de leurs hommes, prières qu'elles souhaitent si fort salvatrices.

Elles suivront, dans l'anxiété trop souvent présente dans leur vie, la flottille qui s'ébranlera dans le chenal étroit, tributaire absolu de la marée, avant de s'égailler dans les eaux vives du Bassin… Quelques signes de croix furtifs, sans doute, au passage devant la croix de bois à la chapelle des marins, et le *Goéland* jouera sa survie, à la seule appréciation de Petit Manu, maître et seigneur !

Andréa et Augusta ont regagné la maison, là-bas, loin de la plage, derrière la haie de tamaris qui la protège des vents d'ouest. Gustave les attend, gardien provisoire de la maison.

- Le vent est tombé, les passes seront bonnes, ne vous inquiétez pas, leur dit-il tout en vérifiant ses filets qui sèchent tout autour de la maison.
- *Diou merci… qu'es bray… deyram*[13], répond Andréa, réconfortée par les paroles apaisantes de son fils.

Mais le temps est précieux, les petits sont à l'école et le travail ne manque pas. Il lui faut arracher quelques pommes de terre et cueillir les dernières tomates dans le jardin exigu. Augusta est déjà au puits, elle a accroché le seau à la perche qu'elle fera balancer à la force du poignet pour le remonter, dégoulinant d'eau fraîche. Puis, quand la marée descendra, découvrant les *esteys*, sans perdre de temps, elle en profitera pour aller remplir sa brouette d'un peu de terre des prés-salés et de varech. Elle mélangera cette précieuse récolte au fumier de l'étable, car elle sait que cet engrais sera idéal pour le jardin et les champs avoisinants. La famille est nombreuse et les appétits aiguisés…

- A *tourare*[14], je pars avec Jeantou, annonce Gustave.
- *Hèy cas*[15] ! lance Andréa toujours inquiète pour les siens.

Dès son jeune âge, Gustave n'a jamais été attiré par les grands espaces marins qui l'effraient. Il a toujours préféré la douceur et la quiétude de la petite mer de Buch. Avec bonheur, il arpentait « aux mortes eaux » pieds nus, *esteys* et *crassats*, muni de sa foène et de son râteau, à la recherche d'huîtres sauvages dont il choisissait les plus belles à la main, ou de quelque sole, moule, vive ou mulet égaré dans les trous d'eau. Jeantou, l'ami fidèle qui l'admire, l'accompagnait souvent dans ses escapades et tous deux étaient les bienvenus à leur retour. Il y avait toujours quelque hippocampe, des petits crabes ou des étoiles de mer qui faisaient le bonheur des petits-neveux.

Plus grands, *palicayres* en herbe, ils partaient à marée basse, perches, filet et crochets sur l'épaule vers leur anse favorite dans les *crassats*. Là, ils plantaient leurs perches aux deux extrémités de l'anse. Les deux piquets soutenaient leur filet qu'ils retenaient dans le sol par leurs crochets de bois. Puis ils détachaient le filet des piquets, le laissait sur la vase et partaient vite... chassés par la marée montante. Quand l'eau descendait à nouveau, ils revenaient encore plus vite relever le filet, l'accrocher au piquet, dans l'espoir de faire barrage à quelques sardines, loubines... ou peut-être quelques oiseaux de mer entraînés vers le large... C'était leur jeu, calqué sur la pêche « au palet », si traditionnelle, qui avait passionné leur enfance. La *tillole*, qu'ils ont le droit de conduire à présent, emmène souvent Gustave avec l'ami Jeantou à la sortie de la *Canelette*[16] sur les eaux calmes du Bassin. Gustave est attiré par l'île aux Oiseaux où se passent des événements qui le passionnent.

Transport des estrangers. *(Archives municipales d'Arcachon.)*

Cabane de résinier. (Enfants Terribles, Arcachon.)

Laveuses au bord des esteys. *(Enfants Terribles, Arcachon.)*

Premiers parcs à huîtres à marée basse entourés de pignots. (Enfants Terribles, Arcachon.)

Les femmes à bord des sardiniers. (Collection particulière.)

Il sait, depuis quelques années déjà, combien la pêche des huîtres devient difficile, que des douaniers surveillent cette moisson sauvage si appréciée. On dit même parmi la population que les bancs d'huîtres s'appauvrissent, au grand désespoir des pêcheurs bien sûr, mais surtout des autorités maritimes qui prétendent réglementer cette production si prisée jusqu'à Bordeaux, où le train à présent les transporte facilement. Il se rappelle combien de fois il a dû cacher sa récolte lorsqu'il apercevait la barque du douanier naviguant dans les parages, jeu palpitant avec la complicité de Jeantou et des copains, et qui les réjouissait quand ils avaient réussi leur partie de cache-cache.

Gustave a grandi et porte à présent un intérêt tout particulier à cette réglementation dont il comprend la nécessité. Il se joint aux marins pour suivre les progrès d'une commission en mission à La Teste, et il entend pour la première fois les mots : *concessions, réservoirs, parcs*. Il est fier d'exposer ses découvertes et sa mère, attentive, se réjouit au fond de son cœur de savoir que son dernier fils, peut-être, n'aura pas besoin de braver l'Océan au péril de sa vie pour ramener son gagne-pain ! Au seuil de sa vieillesse, elle voudrait tant espérer que celui-là, au moins, lui épargne les angoisses des départs et des retours. Avec le temps qui passe, son espoir se concrétise, quand il raconte ses visites fréquentes à l'île aux Oiseaux :

- Les fermiers de l'île ont fait venir de grandes quantités d'huîtres et les ont étalées sur une plage du sud.
- Pour quoi faire ? l'interrompt Augusta, soudain très intéressée.
- C'est un premier parc, dit-il. Elles seront à l'abri, pourront grossir et leurs larves ne se perdront plus dans le Bassin
- On va les voler ! ajoute Andréa qui, poussée par ses enfants, se lance quelquefois dans une envolée en français.
- Non, ils ont prévu des gardiens spéciaux pour les protéger et il paraît même que l'Empereur s'intéresse tout particulièrement aux huîtres du Bassin.
- *Eh bé* ! s'exclame Andréa, surprise de cet honneur.

Et les conversations se poursuivaient comme cela, le soir, autour de la table familiale, quand le travail laissait à chacun un peu de répit. Quand la tempête soufflait fort quelquefois et que Gustave voyait poindre l'anxiété sur le visage des femmes, tandis que les hommes étaient en mer, il racontait plus longuement encore avec force détails ce qui se passait là-bas, à l'île aux Oiseaux, où marins et chercheurs unissaient leurs efforts pour une vie meilleure, peut-être, sur le Bassin.

En effet, passionné par cette culture de l'huître, dont il avait retenu le premier nom savant *ostréoculture* (très vite rebaptisé *ostréiculture*), il n'hésita pas à se porter bénévole occasionnel pour répondre à la demande des scientifiques installés dans l'île aux Oiseaux, venus de Paris, du Collège de France, chuchotait-on avec considération ! Ils désiraient des gens du pays pour essayer de résoudre l'épineux problème des récoltes de naissains et pour trouver le meilleur moyen de capter ces larves minuscules, emportées par le courant des marées.

Mais, lorsque les premiers parcs furent crées (baptisés d'impériaux car Napoléon III s'intéressa tout particulièrement à ce développement), et qu'un service de surveillance s'avèra nécessaire, Gustave fut l'un des premiers à faire partie de l'équipage du bâtiment garde-pêche le *Chamois* qui assurait la police des parcs en liaison avec le brick le *Léger*, dont l'équipage participa à l'exploitation des deux fermes modèles[17] de l'île aux Oiseaux. Toujours bénévole, il travailla tout particulièrement sur ce délicat problème du naissain avec Jean Michelet[18]. Il fut un des premiers à se réjouir lorsque ce dernier, en 1865, après des années de tâtonnements, réussit enfin à déterminer les proportions exactes de chaux et de sable pour obtenir l'enduit idéal destiné à capter ce naissain sur des tuiles immergées dans l'eau de mer… L'ostréiculture pouvait démarrer à grande échelle !

Jeantou, l'enfant de la forêt, avait vécu partagé entre deux univers depuis que, en 1838, Andréa avait décidé Jules et Marie à le lui confier pour qu'il bénéficie, avec ses deux jeunes enfants, des premiers enseignements. Ce dernier considérait Andréa comme une seconde maman, elle qui lui avait prodigué sa générosité et porté la même affection qu'à ses trois enfants. Mais quand, le dimanche, le grincement des essieux dans les *carreyres* et le hennissement de la mule l'avertissaient de l'arrivée de ses parents, il courait au-devant de la charrette pour se blottir très vite dans les plis de la longue robe noire de sa mère. Et c'étaient des effusions sans fin, des exclamations de joie devant sa bonne mine, son teint hâlé, des bourrades affectueuses de son père, des bourrades d'hommes qui confirmaient leur bonheur réciproque de se retrouver. Augusta ne ménageait pas non plus ses compliments à ce petit frère qu'elle aimait tant. Elle enviait ses connaissances et son français qui se perfectionnait au fil des semaines.

Cependant, le monde évoluait autour de Jeantou. Augusta, de plus en plus souvent, restait chez Andréa les dimanches soirs, tandis que ses parents repartaient, tard, au pas lent de la mule vers leur forêt qui s'embrasait des mille rayons du soleil couchant. Estelle désertait aussi, souvent, la maison d'Andréa et sa nouvelle vie s'amorçait à Gujan auprès de Charles, l'ami de Victor, son frère disparu… Les jours s'écoulant, Augusta a remplacé Estelle à la maison. Jeantou avait assisté avec joie à l'union de ces deux familles amies Dupouy et Castaing, soudées à jamais par les liens du sang ; et les deux grands-mères confondaient dans le même amour Léon et Joseph, enfants d'Augusta et

Armelle, enfant d'Estelle. Jeantou grandissait, enfant sensible, partagé entre tout cet amour dont il voulait donner à chacun une part équitable.

Gustave devenait de jour en jour son ami privilégié et, à la sortie des classes ou les jeudis, ils partaient ensemble dans les *esteys* pour des pêches fructueuses ou des parties de cache-cache mémorables avec les douaniers pour dissimuler leurs huîtres sauvages… Dès qu'il le pouvait, il s'échappait vers la cabane de sa petite enfance pour aider son père vieillissant à couper du bois ou pour ramasser des *galipes*[19] avec sa mère tout en lui apprenant quelques rudiments de français, ce qui leur valait de mémorables fous rires. Il retournait la terre du petit jardin exigu, savourait le bonheur des retrouvailles, le soir, dans la chaleur du foyer. Puis, il s'endormait avec le bruissement du vent dans les branches qui lui semblait étrange à présent… Ce monde clos de la forêt n'était pas fait pour lui, il avait goûté aux vastes espaces marins et c'est avec bonheur qu'il les retrouvait au retour de ses escapades forestières.

Aussi, avec quelle joie vit-il bientôt ses parents partager leur temps entre la forêt et leur maison du bourg, son père participer à la pêche dans les petits chenaux où il retrouvait quelques couleurs sur ses joues si pâles. Sa mère partait vendre cette pêche avec Andréa. Ces deux familles, qu'il ne pouvait dissocier, étaient là, autour de lui, le plus souvent possible, il n'avait plus de choix douloureux à faire, il était comblé. Ensemble, ils partageaient le chagrin des départs des marins de la famille, l'angoisse des nuits de tempête, mais aussi le bonheur des retours et les récits des hommes où effroi, admiration et envie, se bousculaient dans son esprit. On grillait le poisson sur les fagots que Marie avait ramenés de la forêt ou sur les sarments qu'Andréa avait coupés dans les vignes, non loin de la maison. On buvait le vin rouge de cette vigne, bien maigre et chétive c'est vrai, mais il était bon et grandement apprécié !

Quand Gustave et Jeantou, de plus en plus inséparables, furent en âge de conduire la *tillole*, ce fut pour lui le comble du bonheur. Ils devinrent très vite des rameurs confirmés, si bien que les craintes des femmes s'apaisèrent très vite et ils jouirent pleinement de cette liberté. Ils accostaient souvent à Gujan, dont le moulin à vent de Larros[20] leur servait d'amer, pour partager quelques heures avec le jeune couple Estelle et Charles.

Charles était souvent en mer et Estelle, à son tour, partageait cette vie difficile de femme de marin. Ils habitaient dans la maison familiale de Charles. Sa mère était morte et son vieux père Paul avait été bien heureux de voir revivre son foyer, laissant volontiers les rênes à cette jeune femme qui avait courageusement pris la tête de la famille avec tout ce que cela comportait de responsabilités et de travail. Oh ! Il ne gênait pas beaucoup Estelle : ancien marin de la *péougue*, il passait son temps sur le port de Gujan où il se construisait une nouvelle cabane avec du bois coupé dans la forêt, car sa cabane sur pilotis était si vieille ! Il passait une grande partie de la journée à clouer, scier, ou à consolider, quand le vent de la nuit avait arraché son travail de la veille… C'étaient des souvenirs sans fin qui s'égrenaient avec les vieux de son âge, ne pouvant s'arracher de cette mer qui était leur vie et qui, comme lui, ne savaient occuper leur temps loin d'elle. Mais le soir, quand le vent devenait froid et lui piquait les yeux sur le chemin du retour, il savait qu'il ferait chaud à présent dans sa vieille maison et qu'une soupe fumante l'attendrait.

Jeantou aimait bien retrouver le vieux Paul sur la plage. Il lui racontait ses pêches épiques, ses frayeurs dans les passes, les naufrages dont il avait miraculeusement réchappé… Dans son visage buriné, cuit par le soleil et les embruns, ses yeux bleus s'embuaient de larmes au souvenir de ce petit mousse, tombé en mer près de lui et qu'il n'avait pas réussi à sauver, au souvenir de tant d'amis qui n'étaient jamais revenus… Il évoquait souvent aussi cette grande période où tant de femmes faisaient partie de l'équipe des *arameys* dans les chaloupes de la *péougue*, se mesurant aux hommes avec le même courage, courant les mêmes risques ! Un arrêté municipal avait bien interdit cette pratique du *pariadge*[21], mais elles s'en étaient moquées, tant de marins périssaient en mer, tant d'autres étaient réquisitionnés par la Marine de guerre ! Il fallait bien remplacer tous ces absents et assurer les profits de la pêche. Ses yeux se mouillaient de larmes encore à l'évocation de tant de jeunes femmes disparues dans l'Océan impitoyable. Il avait repris la pêche pendant sa retraite pour remplacer Charles durant les longues années du service militaire, il fallait bien continuer à faire vivre la famille ! Le soir, ils allaient volontiers partager la soupe de poissons faite par les pêcheurs, cuite sur un réchaud, à même leur bateau ou directement sur la plage. Jeantou se grisait des odeurs si particulières du port, du fumet délicat de cette soupe alléchante, de l'odeur forte des filets pleins de sel qui séchaient autour des cabanes mais il supportait mal les relents nauséabonds de la rogue précédant l'arrivée des *tilloles*.

La soupe de poisson sur le bateau .
(Enfants Terribles, Arcachon.)

Oui, de cette *péougue* qui avait bercé son enfance il en connaissait tous les dangers, dangers des passes imprévisibles qu'il est difficile de dompter, danger de ces embarcations trop fragiles pour se mesurer avec elles, mais il prenait conscience que là devaient être portés tous les efforts. Déjà, beaucoup de chaloupes étaient pontées[22] à présent, il se rappelait les récits de Petit Manu sur ces premiers essais de grands bateaux où la vapeur devait remplacer la main des hommes… N'avait-il pas vu et applaudi, tout jeune encore, ce phare construit au Cap-Ferret[23], qui éclairait les passes, même au plus profond de la nuit ? Il avait toujours en mémoire la grande fête qui avait accompagné l'inauguration de la gare de La Teste, les pleurs de joie d'Andréa qui se mêlaient aux tambours de la fanfare, à l'idée que ses équipées de nuit à travers la lande pour transporter le poisson à Bordeaux allaient se terminer ! Cette pêche qui le passionnait de plus en plus, cette mer qui l'attirait, il était persuadé qu'il l'aborderait avec plus de sécurité… beaucoup de signes étaient dans l'air, déjà.

Quand Jeantou accompagnait Gustave à l'île aux Oiseaux, dont il avait fait son domaine de prédilection, dès qu'ils abordaient la grande plage encore sauvage après la pointe de l'Aiguillon, il était toujours frappé par cette grande bâtisse en bord de mer, auréolée de la forêt environnante. C'était l'hôtel Legallais où venaient les riches Bordelais, avant l'ouverture de la gare de La Teste, après un voyage chaotique depuis Bordeaux dans un char à bancs sur ressorts à sept places ! Arrivés à La Teste, ces *estrangers* n'avaient pas de route pour les conduire à l'hôtel. Ils devaient prendre un bateau. Mais quel bateau ? Alors, hop ! De vigoureux marins, ou des femmes solides quelquefois, les transportaient dans leurs bras sur leur propre pinasse pour éviter de mouiller robes longues et souliers fins. Des fous rires avaient éclaté la première fois que Jeantou et Gustave avaient découvert ce transport inattendu. Des plaisanteries sans fin fusaient, les marins se moquaient de ces gens riches qui avaient bien besoin de leurs bras, moqueries en patois bien sûr, qu'ils ne pouvaient comprendre ! Quand la gare fut construite, ce moyen de transport se généralisa et les marins se firent payer, sans aucun scrupule, par ces étrangers qui faisaient de la mer un lieu de plaisir alors qu'ils la bravaient tous les jours pour en vivre !

Jeantou, à présent, descendait de la *tillole* après la pointe de l'Aiguillon où il remarquait à chaque passage une animation de plus en plus inaccoutumée. « *Adichats, à ce soir* » se disaient les deux jeunes garçons. Ils ne se doutaient pas encore que cette vie commune de leur enfance, si pleine d'amitié et de joies partagées, allait prendre à présent deux orientations différentes, fruits de leurs choix de vie respectifs…

Sur cette portion si sauvage où il ne connaissait que quelques huttes de pêcheurs sur la plage, un poste de douane et une ou deux cabanes de résiniers

Omnibus La Teste-Arcachon. (Archives municipales d'Arcachon.)

LES OMNIBUS DE LA TESTE A ARCACHON

dans la forêt toute proche, il vit se construire au fil des jours le long de cette plage sale et vaseuse, les établissements de bains Lesca au *Moueng*[24] et les établissements Bourdain à l'Aiguillon. Il comprit alors la nécessité de transporter tous ces Bordelais arrivant de la gare jusqu'aux pinasses des marins, mais aussi de les porter à nouveau jusqu'aux hôtels pour leur éviter marais et vase. Dès 1845, il vit s'édifier un débarcadère au lieu-dit Eyrac[25], tandis qu'une route empierrée se construisait depuis le bourg de La Teste. Des maisons s'édifiaient en bordure de la plage et Jeantou assistait, étonné, à l'urbanisation de cette portion de La Teste. Lorsqu'il découvrit que les premières voitures tirées par des chevaux amenaient tous ces *estrangers* à la porte de leurs hôtels, lorsqu'il vit les habitants de La Teste s'engager comme cochers, des marins emmener tous ces oisifs en promenade sur le Bassin, des petits artisans du bourg construire leurs maisons, il réalisa que toute la ville allait certainement bénéficier de ce développement inattendu et qu'il assistait à une évolution irréversible.

En ces années 1850-1860 où tant de bouleversements secouaient la torpeur du bourg de La Teste, nos amis Jeantou et Gustave, inversement, étaient de plus en plus attirés vers Gujan. Gustave, en effet, avait rencontré là un patron de pêche à la *péougue*, dont le fils, Gaston, s'intéressait de plus en plus à l'ostréiculture et partageait la passion grandissante de Gustave. Il l'emmenait souvent à l'île aux Oiseaux et l'avait décidé à être gardien de parc avec lui, tâche qu'ils abandonnèrent pour se consacrer aux premiers essais ostréicoles débutant à La Teste et à Gujan. Leur qualité d'Inscrit Maritime les autorisait à pratiquer ce nouveau métier d'ostréiculteur. Par la suite, ils coopérèrent financièrement pour l'obtention de concessions de plus en plus demandées. Il faut dire que la passion de Gustave pour l'ostréiculture s'était doublée très vite d'une passion amoureuse qui avait grandement facilité les choses. Gaston avait une jeune sœur, Léonie, vive et bien tournée et, sans vouloir nier la passion qui les attirait, Gustave comprit très vite l'intérêt de s'unir à une famille dont l'aisance financière ne pouvait que lui être utile pour la réalisation de ses projets ! Il savait très bien que sa mère, malgré tout son amour et son dévouement, ne pourrait, hélas, l'aider. Le mariage fut célébré. Le beau-père se fit un plaisir d'aider son fils et son nouveau gendre à acquérir une concession à Gujan, et Léonie se révéla une fameuse *parqueuse*, vaillante et de bon conseil, et aussi, une excellente épouse. Si Andréa se réjouissait de la réussite de son fils, elle sentait qu'elle ne pourrait jamais accorder à Léonie la tendresse qu'elle avait spontanément offerte à Augusta. D'un milieu social supérieur au sien, elle éprouvait toujours une certaine gêne à son égard, elle ne la sentait pas de « son monde » comme elle disait, et préférait toujours se tenir à distance du jeune couple.

Quant à Jeantou, son attirance vers Gujan se portait vers le père de Léonie, Hugues, qui, dans sa jeunesse, avait assisté aux premiers essais de chalutage à vapeur avec le *Turbot* du capitaine Allègre et la *Sole* du capitaine Legallais, après *lou gran malhour*. A l'inverse des pêcheurs opposés à toute nouveauté, il avait senti que le projet de ces deux capitaines était sans doute l'avenir de cette *péougue* dangereuse qui décimait les familles. Il avait suivi de près les espoirs qu'Allègre avait fait naître, ses échecs successifs et, finalement, avait poursuivi la *péougue* traditionnelle, le métier chevillé au corps. Une petite fortune familiale lui avait permis d'avoir sa chaloupe personnelle, la *Léone*, et, en dehors de la pêche en hiver, il faisait du cabotage le long des côtes, bien lesté de fûts de résine, de goudron, de mâts, d'avirons. Au retour, il lestait sa chaloupe avec des cubes de pierre qui lui avaient permis de construire la maison qu'il occupait en famille. Il avait ponté sa chaloupe pour plus de sécurité et s'était même essayé au chalut avec des pêches assez considérables.

Le père Hugues (dit Hugolin) avançait en âge. Il avait rêvé de voir son fils prendre sa succession et il était sûr qu'il aurait profité des projets novateurs du capitaine Allègre. Il restait persuadé que ces engins à vapeur triompheraient, même avec un équipage réduit, alors que les chaloupes embarquaient douze ou treize hommes ! Peut-être une amorce du débat entre emploi et innovation technologique s'amorçait-elle déjà dans ces années lointaines ? Désespéré du peu d'intérêt que son fils portait à la pêche, il avait trouvé une oreille attentive et une passion de la mer en ce jeune Jeantou qu'il lui avait fait connaître. Jeantou et Hugues discutaient souvent de la sécurité de cette pêche si attachante mais si meurtrière. Ils avaient foi tous deux dans les premiers essais du capitaine Allègre et ne pouvaient les croire abandonnés à jamais. Le vieux pêcheur et le jeune novice avaient confiance en l'avenir et il résultait souvent de leurs discussions les mêmes propos qu'Allègre avait tenus en son temps : « *Les machines étaient mal faites, elles manquaient simplement de puissance et de solidité...* », mais ils concluaient toujours, d'un commun accord : « *C'est à nous, les pêcheurs, et à la jeune génération, de trouver leur amélioration pour ramener plus de poissons, de trouver leur puissance nécessaire pour braver plus facilement les intempéries, les vents contraires et les maudites passes.* » Jeantou se félicitait de cette rencontre, alors que là-bas, à La Teste, à la maison du bourg, Petit Manu et Henri, à bord de leur chaloupe, acceptaient cette pêche terrible avec la fatalité de ceux qui pensent que l'on ne peut rien contre le destin. Quand il les retrouvait, toujours avec le même bonheur, tous l'écoutaient avec attention, mais il voyait souvent avec tristesse poindre un peu d'incrédulité à l'écoute de ses propos. Seule, Andréa, toujours prête à aller de l'avant et à garder sa confiance, lui disait : « *Qu'es vrai... te credi... veiram*[26]. » Mais Marie, toujours inquiète pour son petit, ajoutait : « *Hey cas*[27]... *méfie-toi des beaux parleurs...* » Ils ne se doutaient pas que cette révolution était là, toute proche, et que leur existence allait en être bouleversée.

Jeantou, ce matin-là, à bord de la *tillole* de Gustave, se dirigeait seul vers le petit port de Mestras, qui n'était alors qu'un seul débouché des eaux fluviales venues de la lande et seulement praticables pour les *tilloles* à marée haute. Il venait de quitter l'Aiguillon, troublé et désorienté par son animation nouvelle, et il retrouvait avec bonheur la côte encore vierge pleine de lumière et d'envolées de mouettes neigeuses. Le moulin[28], en pleine activité, déployait ses ailes bruissantes dans le soleil matinal. Il allait accoster dans ce petit port de Mestras, son coin de bonheur à lui. C'est là qu'il avait découvert celle qui avait pris toute la place dans son cœur et il était heureux. Reine, puisqu'il faut l'appeler par son nom, avait surgi devant lui, un jour, dans une *carreyre* de Mestras, tel un tableau antique qui avait fait battre son cœur sensible : Reine s'avançait, droite et cambrée, dans sa longue robe noire, un large panier débordant de linge sur la tête où quelques boucles noires s'échappaient du fichu qui enserrait sa chevelure. Il avait lancé un joyeux « *bonna jornada* » dans le patois de son enfance revenu spontanément. Seul un sourire lui avait répondu, mais ce sourire l'avait poursuivi de longues heures... Un amour réciproque était né au fil des jours. Passionné par ses traits purs et ses yeux profonds, il avait découvert aussi une fille vive, décidée. Elle était allée à l'école et parlait un très bon français. Elle avait pleinement profité de cet enseignement, rudimentaire certes, déclaré dès 1848 gratuit et obligatoire pour les filles et les garçons, et lui avait avoué qu'elle aurait bien voulu s'instruire davantage. Mais seules les classes aisées de la société accédaient aux études dites secondaires et la discrimination sociale était forte en ce milieu du XIXe siècle.

Reine était issue d'un milieu très pauvre. Son père, Ernest Mora, avait toujours été pêcheur à la *péougue* sous les ordres d'un patron rigoureux. Il ne rentrait pas beaucoup d'argent à la maison et sa femme, Pierrette, s'ingéniait à augmenter les revenus de la famille en s'investissant, à force de courage, dans des tâches secondaires : elle entretenait les vignes d'une riche famille de Gujan, s'était engagée comme laveuse à la journée dans ces mêmes familles. Les jours de lessive, elle allait avec sa brouette chercher le linge sale à domicile, le lavait à la fontaine commune, partait le rincer dans les *crastes*[29] débordantes d'eau en hiver et le ramenait à domicile. Très jeune, Reine avait aidé sa mère et c'est elle qui ramenait sur la tête, dans son grand panier, le linge propre. On voyait aussi sa mère dans les *carreyres* de Mestras, criant *« royans frais ! royans frais ! »* quand son mari, l'été, pratiquait cette pêche dans le Bassin. Palourdes, crevettes, qu'elle allait pêcher avec Reine et Valentin, son plus jeune fils, étaient vendues aussi dans le bourg. Il fallait encore porter le blé au moulin et Jeantou avait découvert chez Reine une autre famille de marins-pêcheurs, aussi méritante que celle d'Andréa, mais une famille triste où la pauvreté était plus visible. Valentin, le jeune frère, s'était embarqué avec son père et la mère s'inquiétait à présent pour ses deux hommes dans les soirs de tempête… Devant un sort certes peu enviable, Pierrette semblait parfois résignée. Jeantou se prenait alors à la comparer à Andréa, meurtrie par l'adversité aussi et pourtant toujours combative, prête à se battre, à rassurer, à prévoir.

Reine s'épanouissait aux côtés de Jeantou. Il lui ouvrait l'esprit sur d'autres horizons, lui racontait le monde de la forêt où il était né, ses deux « mamans » qui avaient bercé son enfance, sa grande amitié avec Gustave, le monde de l'île aux Oiseaux, ses rencontres avec le vieux Paul sur le port et, enfin, sa nouvelle grande rencontre avec Hugolin et leur confiance dans une pêche nouvelle qu'il allait aborder lui aussi.

Reine découvrait, s'intéressait, se rendait compte de l'étroitesse de sa vie et Jeantou s'émerveillait, au fil des jours, de son intelligence et de sa finesse de jugement. Plein d'amour et de fierté, il l'avait conduite à la cabane de la forêt où Marie avait serré très fort dans ses bras cette fille qui faisait le bonheur de son fils. Quelques larmes d'émotion avaient glissé dans les rides profondes du visage amaigri de son père. La maison du bourg, à La Teste, lui avait aussi réservé un accueil chaleureux. Augusta s'était réjouie pour son petit frère, si cher à son cœur. Perspicace, Andréa avait décelé des qualités d'intelligence et de cœur qui ne trompaient pas et, très vite, s'étaient scellées entre elle et Reine une amitié et une tendresse sans faille.

Hugolin, qui ne voulait que le bonheur de Jeantou, avait décidé d'aider la famille de Reine, si pauvre. Veuf, sa fille mariée avec Gustave, son fils Gaston peu intéressé par la pêche, il avait pensé que Jeantou, passionné comme lui, prendrait peut-être sa succession un jour. S'il faisait le bonheur de Reine, il ferait aussi celui de Jeantou. Il avait pris le père et le frère de la jeune fille dans sa chaloupe, donnait au père des responsabilités qu'il assumait avec conscience et compétence, son salaire était donc meilleur et sa part de poisson largement augmentée. Sa femme pouvait en vendre et alléger un peu ses lourdes tâches. Valentin était plus heureux avec ce patron bienveillant qui l'initiait avec beaucoup de patience et quand les retours de pêche s'annonçaient difficiles dans les passes, il était moins angoissé. Si Jeantou faisait partie de l'équipage, il partageait avec lui son angoisse et il était plus rassuré... L'été, ils partaient tous les quatre caboter le long des côtes pour leur plus grand plaisir.

Reine se réjouissait. Cette rencontre avec Jeantou avait été sa providence, elle lui avait apporté le bonheur mais aussi celui de sa famille, et elle avait pour Hugolin une reconnaissance éperdue. Il n'avait pas donné d'argent, sa fierté en aurait grandement souffert, mais il avait agi avec tact et intelligence et ils étaient tous plus heureux. Gustave était resté l'ami de toujours et Léonie, assez fière de la condition sociale de son père et quelque peu réticente à l'égard de Reine, avait enfin reconnu ses qualités de cœur et les deux jeunes couples finirent par bien s'entendre.

Donc, ce matin-là, plein de soleil, à bord de la *tillole* de Gustave, où il se dirigeait seul vers le petit port de Mestras, Jeantou débordait de joie ! Il allait retrouver Reine pour partager une grande nouvelle qui allait faire tomber la barrière d'incertitude entravant leurs projets. Cette nouvelle avait fait disparaître son anxiété : il était exonéré de ce long service militaire qu'il appréhendait, dont la date approchait et pour lequel il avait dû s'inscrire ! Il avait été considéré que son père, vieux et malade, ne pouvait plus suffire à son travail de résinier et que la santé du candidat n'était pas des plus florissantes ! C'est vrai qu'il était fragile le jeune Jeantou. Pourtant, son père ne s'était pas privé dans sa jeunesse de lui faire boire l'eau aromatisée de résine que les pluies laissaient dans les petits pots, au-dessus de la gemme ambrée si pure, pour assainir bronches et poumons ! Cette forme de médication était courante à l'époque, traitement d'avant-garde que l'on devait retrouver dans les recommandations du docteur Gustave Hameau[30] prônant, pour soigner la phtisie, de l'eau balnéaire plus de l'eau de résine !

Mais Jeantou compensait cette fragilité par une grande énergie dans ses entreprises et ne s'attardait guère à une fatigue ou à une toux passagère. De plus, il voyait bien la santé de son père se dégrader, mais une telle volonté l'animait ! Et Marie, sa femme, était tellement attentive à son égard que Jeantou n'avait pas le cœur de l'écarter complètement de sa forêt qui avait été sa vie.

Les deux amoureux s'étaient étreints de bonheur exprimant enfin ce qui les taraudait si fort depuis leur rencontre : « *On ne va plus se quitter !* » Le mariage du fils du résinier, Jean Castaing, et de la fille du pêcheur, Reine Mora, devait rester longtemps gravé dans la mémoire du petit bourg de Mestras ! Hugolin avait fait reblanchir la maison de la mariée en *alios* dur, dégradée par des années de vent et de bourrasques. En ce jour ensoleillé de juin 1860, le repas avait été servi dehors sous une tente improvisée avec des voiles de *tilloles*. Les amis pêcheurs avaient ramené force soles, turbots et excellents poissons, qu'ils avaient grillé sur les branchages amenés par les muletiers de la forêt. Le long cortège avait dû se dérouler jusqu'à l'église de Gujan puisque Mestras n'avait pas encore de chapelle[31], précédé par le violoneux et le joueur de vielle. Les cloches avaient sonné à toute volée à la sortie, quand les jeunes époux apparurent sous le porche de l'église. Reine, resplendissante, sa masse noire de cheveux bouclés retenus par la couronne de fleurs de cire traditionnelle, son léger voile blanc retombant sur la robe longue sombre traditionnelle aussi, donnait le bras à Jeantou, au comble de l'émotion. Sous les vivats des pêcheurs, résiniers et leurs familles, le jeune couple marchait sur la jonchée que les femmes de la famille avaient préparée depuis la veille dans la bonne humeur, où laurier, buis, branches de pin, feuilles de chêne se mêlaient sous le porche et loin sur la route. Le repas avait été joyeux, présidé par les mariés en bout de table, avec des intermèdes de musique et de chants. On avait beaucoup dansé ! Reine avait ouvert le bal avec Jules, dont le visage était couvert de larmes de joie et de sueur, pas très à l'aise dans des chaussures qui enserraient ses pieds, généralement nus, et qu'il envoya « valser » avant la fin de la danse. Hugolin, Petit Manu, Ernest, Gustave et Charles eurent droit aussi aux premières danses et les couples endiablés tournèrent tard dans la nuit, jusqu'au *rondo* traditionnel des résiniers, sorte de farandole au cours de laquelle Reine et Jeantou s'éloignèrent discrètement, dans un lieu tenu secret. Secret bien vite éventé puisque, au milieu de la nuit, les garçons de la noce les retrouvèrent pour leur porter, jusque dans leur lit nuptial, le *tourin* à l'oignon que les femmes avaient préparé discrètement, bien épicé… Une coutume qui perdurera longtemps dans les campagnes du Sud-Ouest.

Jeantou, l'enfant libre, le rêveur devant l'infini est soudainement confronté à la réalité de la vie : il est chef de famille, il doit gagner de l'argent pour faire vivre la femme qu'il a choisie et les enfants qu'ils désirent avoir. Il veut, lui aussi, tirer sa subsistance de ces étendues marines qui l'attirent de plus en plus. Mais, en attendant de voir se concrétiser les espoirs qu'il entretient avec Hugolin d'une pêche plus sûre avec des machines révolutionnaires, il doit se résoudre à la pêche la plus fructueuse en ces années-là : la pêche à la sardine, qui abonde dans la petite mer de Buch. Grégaires et capricieuses, les sardines font alterner abondance et pénurie, et cette manne, présente dans le Bassin comme dans l'Océan tout proche, permet aux marins de pêcher en mer l'hiver et dans le Bassin où elles pénètrent, au printemps.

Délaissant la *péougue*, Hugolin se lança en hiver avec Jeantou et Ernest dans cette pêche si particulière. Voulant résoudre au mieux le problème des passes, il fut décidé de grouper la flottille des petites pinasses à voiles pour une sortie commune à l'Océan. A bord de l'une d'elles se trouvait un marin appelé « prud'homme ». C'était un « sage », désigné par les pêcheurs comme le meilleur pour sa connaissance de la mer, qui observait les passes avant de les franchir. S'il les jugeait satisfaisantes pour les affronter sans danger, alors, il levait un mât, signal convenu, pour indiquer à la flottille qu'elle pouvait avancer. Les passes franchies, les pinasses se dispersaient. Pendant que les uns ramaient, les autres déployaient le grand filet bleu vif, tendu à la verticale. Des poignées de *rogues* attiraient les sardines voraces. La flottille se regroupait pour le retour, toujours guidée par le prud'homme. Quelle responsabilité écrasante pour cet homme, marin-pêcheur lui-même, qui avait la confiance des marins et sur lequel reposait toute leur sécurité ! Jeantou se souvenait alors de Petit Manu, pilote des *arameys*, seul maître à bord pour franchir et guider la chaloupe dans les passes dangereuses !

Un jour, Hugolin fut choisi comme prud'homme avec les voix on ne peut plus élogieuses de Jeantou, Ernest et Valentin. Ce dernier s'était embarqué une première fois avec son père à onze ans, après l'obtention de son certificat d'études, et avait donc fait ses preuves. Pêcheur déjà confirmé, il s'était joint à eux. Charles, à Gujan, avait lui aussi délaissé la *péougue* pour la sardine qui rapportait davantage. Les ports de Mestras et de Gujan vivaient au rythme des perpétuels allers-retours des flottilles. Estelle, Reine et sa mère Pierrette appréciaient cette pêche car les hommes n'embarquaient que pour vingt-quatre heures en général. Ils étaient plus présents à la maison, l'argent rentrait davantage. Elles attendaient, avec toutes les femmes, le retour des défilés joyeux de la flottille dans le chenal, voiles claquant au vent. Elles montaient souvent à bord pour aider les marins à faire le tri des sardines, les mettre dans des caissettes en bois pour les envoyer fraîches, par le train du soir, à Bordeaux. Reine était toujours partante pour les transporter à la gare, avec sa brouette ou la petite charrette à âne. Estelle prenait son panier et allait en vendre au bourg. Pierrette travaillait dans la cabane que Hugolin avait fait construire à Mestras. Elle salait les sardines et les disposait dans des caisses en bois avec des feuilles de figuier afin qu'elles se conservent mieux.

Deux années avaient passé. Un petit Pierre, dit Pierri, était né au foyer de Reine et Jeantou, nouveaux parents éperdus de bonheur. Les *sardinières* sillonnaient le Bassin avec succès, Gujan et Mestras semblaient promis à un bel avenir. Avait-on oublié les débuts de cette pêche qui avait tourné à la catastrophe, en ce mois d'août 1858, lorsque quinze marins avaient disparu ?

Les alignements de *pignots*, ces troncs de jeunes pins qui commençaient à quadriller le Bassin autour des premiers parcs à huîtres, obligeaient les marins à des trajets plus ou moins sinueux. Jeantou se lassait de cette pêche monotone et son envie de dépasser le monde fermé du Bassin pour labourer les océans plus lointains grandissait de jour en jour. Sur le chemin des retours de pêche, il voyait les pinasses déposer leurs sardines au débarcadère d'Eyrac, face à l'hôtel Legallais. Les *estrangers* s'y pressaient, à l'affût de la moindre distraction !

L'été, des odeurs de friture chatouillaient ses narines et il apercevait tout un groupe de femmes en noir qui se pressaient, dans la fumée des grillades, pour satisfaire la gourmandise de ces oisifs… Les filets des sardinières séchaient sur la plage devant un imposant bâtiment qui se construisait, que les gens appelaient le Château Deganne[32], les pinasses étaient tirées sur le sable, à côté des filets.

Il faut dire que ce quartier de La Teste, appelé déjà Arcachon, avait été érigé en commune en 1857 par un décret de Napoléon III, à la demande du général Tartas. La première gare lui apporta un nouvel essor et un débouché pour le transport du poisson.

Quand Jeantou dépassait Eyrac, il voyait un mélange hétéroclite de petites maisons, de cabanes de pêcheurs prolongées par des petits débarcadères, grossiers, en bois… A l'arrière, quelques hôtels semblaient narguer ce bord de plage sale et vaseux et, quand la flottille arrivait dans le chenal pour rejoindre Mestras, il réalisait bien que les steamers dont il rêvait ne pourraient jamais emprunter cette voie d'eau, trop étroite, et il pressentait bien qu'Arcachon serait l'avenir pour les grandes pêches. Il préparait Reine au départ de Mestras, son unique univers jusqu'à présent. Le jeune couple et Pierri vinrent illuminer de leur jeunesse et de leur joie de vivre la vieille maison du bourg de La Teste, voisine d'Andréa, où Jules et Marie séjournaient de plus en plus souvent. Jules, vieillissant et malade, retrouvait là, dans l'air vivifiant de la mer, lui semblait-il, un regain d'énergie et d'ardeur qui lui manquait dans le monde clos de la forêt. Reine fut très vite séduite par Andréa et les décisions qu'elle savait prendre, elle admirait sa hardiesse au travail et cet amour qu'elle dispensait autour d'elle, pilier solide d'une famille qui avait su faire face dans l'adversité. Augusta retrouvait son petit frère. Henri et Petit Manu étaient inséparables, pêcheurs infatigables, burinés par le vent et les embruns.

Joseph et Léon, les enfants d'Augusta et de Petit Manu, semblaient prendre des voies différentes. Léon s'était marié avec Marion, fille d'un patron pêcheur de La Teste, et poursuivait, avec l'entreprise de son beau-père, la pêche à la *péougue*. Quant à Joseph, il y avait goûté aussi, en connaissait tous les dangers et aussi toute la noblesse, mais l'activité ostréicole qui envahissait à grande vitesse le territoire maritime l'intéressait vivement, et il envisageait très sérieusement d'abandonner la pêche pour s'y consacrer entièrement. Andréa connaissait déjà bien tout cela grâce aux tâtonnements de Gustave et elle ne voyait plus d'inconvénients à l'intérêt que Joseph portait à l'ostréiculture. Mais Gustave était parti, il s'était installé à Gujan, et elle aurait bien souhaité que son dernier petit-fils travaille à La Teste, dans le cocon familial. Lors des nombreuses conversations entre les femmes de marins-pêcheurs de La Teste sur cette nouvelle activité, Andréa et Augusta faisaient prévaloir haut et fort leur point de vue.

Lasses de vivre dans l'angoisse perpétuelle, avec par surcroît un maigre salaire, lasses de remplacer un mari toujours absent, prisonnier de la mer, toutes ces femmes comprirent les bienfaits de l'ostréiculture, qui pouvait sauver d'abord quelques hommes des dangers de la *péougue* et apporter un supplément de revenus aux moments creux de la pêche. Il faut dire qu'un léger frémissement féministe avait semblé naître avec la IIe République ; un premier journal, *La Voix des femmes*, avait ébranlé dans quelques têtes fortes et décidées leur soumission de femmes écrasées sous le travail et le malheur. Aussi, lorsqu'un décret impérial[33] détermina, enfin, les emplacements et dimensions des parcs réservés aux seuls inscrits maritimes, un afflux de demandes de concessions fut-il enregistré. Andréa prit alors la tête d'une pétition en faveur des marins-pêcheurs. Et, un matin de 1864, sur la plage de La Teste, donnant la parole à une marchande de poissons, peut-être pour la verdeur de son langage en gascon, elle engagea les marins à nommer des délégués pour obtenir de l'Empereur une petite concession de parcs pour chacun d'eux, prise sur le domaine de l'Etat, anticipant ainsi la cohabitation entre pêche et ostréiculture. Elle était loin de se douter, cependant, du nombre de femmes qui allaient s'investir dans le travail de parqueuses. Etait-ce un premier réveil des femmes pour secouer leurs hommes, si téméraires en mer, mais tellement apathiques pour tout ce qui ne concernait pas leur métier ?

Pour Andréa, ce fut, vers la fin de sa vie, le bonheur d'agir librement sans les secours divins qui tenaient toujours une place trop importante à son gré. En avait-elle fait des prières publiques pour sauver les récoltes quand les sécheresses menaçaient, en avait-elle chanté des cantiques à l'église, au plus fort des tempêtes, en avait-elle vu des croix s'ériger à la croisée des chemins pour rappeler la protection divine dans leur vie si dure ! Combien d'ex-voto, au fil des ans et des naufrages, avaient tapissé les murs de l'église ? Cette énergie, qui avait guidé sa vie et fait l'admiration de la famille Dupouy ainsi que des femmes de marins si solidaires, avait trouvé là un sursaut salutaire, alors que fatigue et lassitude l'obligeaient à considérer la fuite des années, à contrecœur… Pourtant, l'emprise tutélaire du clergé, contre laquelle elle s'insurgeait souvent, retrouverait ses racines profondes en cette journée du 28 octobre 1867, trente et un ans après le *gran malhour* où l'on avait décidé de célébrer une messe annuelle sur la plage océane du Cap-Ferret pour les 78 marins péris en mer. Elle s'était jointe alors à la foule qui avait investi les nombreuses embarcations parties tôt le matin des ports de Gujan, Mestras, La Teste et Meyran. Le brick qui stationnait sur le Bassin pour surveiller les parcs à huîtres était occupé par le clergé. Avec toute sa foi retrouvée, Andréa mêla sa voix aux cantiques s'élevant devant la vieille croix de bois, face à la chapelle des marins à Arcachon et ce, durant toute la procession qui serpentait dans les dunes jusqu'à un petit autel, drapé de noir, érigé sur la plage, face à l'Océan. Là, une grande paix l'envahit. Jamais son mari et son fils, disparus dans les eaux si calmes ce matin-là, ne furent aussi présents à son esprit. Sur le chemin du retour, seule dans ses pensées, elle put imaginer qu'elle avait retrouvé les siens et envisager plus sereinement la fin de sa vie.

L'année suivante, dans une froide soirée automnale, prélude à un hiver sans pitié, elle revenait des *esteys*, le panier débordant de crevettes. Un étrange froid l'avait envahie, ses pieds nus étaient lourds dans le sable humide et la maison paraissait s'éloigner à chaque pas douloureux... Elle luttait, luttait de toute son énergie, à peine consciente que ses forces l'abandonnaient, alors qu'elle avait toujours résisté ! Epuisée, chancelante, elle s'écroula non loin des tamaris tandis que défilaient dans son esprit déjà embué, tous ceux qu'elle avait aimés, morts et vivants confondus... et que les cris et les sanglots d'Augusta et de Reine, qui l'avaient aperçue, lui parvenaient dans un lointain nébuleux. La mer, qui remontait peu à peu sournoisement, ramenait dans ses eaux les crevettes échappées du panier. Elle avait soixante-douze ans. Elle était morte ainsi, au travail, travail qui avait accompagné toute sa vie de femme et de mère de marin-pêcheur, vie de dévouement, de responsabilités, de souffrances... mais aussi de joies partagées, jour après jour, entre l'inquiétude pour tous ceux qui étaient en mer et son désir d'assurer la survie de ceux qui l'entouraient et qui lui donnaient tant d'amour.

La notion de repos ne l'avait jamais effleurée !

Attente des femmes. (Collection particulière.)

Reine, le début des pêcheries

Des moments très difficiles avaient suivi cette mort brutale. Combien de sanglots étouffés avaient accompagné Andréa au petit cimetière de La Teste où elle ne retrouverait pas, hélas, les siens ! Un grand vide avait été ressenti, tant sa présence occupait une place dont on mesurait aujourd'hui l'immensité. Gustave et Estelle étaient repartis le cœur lourd, Augusta et Reine se demandaient, avec une grande humilité, si elles seraient capables de combler cette absence. Cependant, elles trouvaient un peu de réconfort à la pensée que cette mort très douce l'avait prise sans souffrances, dans l'exercice de ce travail quotidien. Le chagrin de Jeantou était profond, il ne pourrait jamais oublier cette seconde maman qui lui avait inculqué la force de se battre pour réussir… *« Je serai digne d'elle »*, pensait-il avec conviction.

Le 25 mars approchait, jour de fête où tous les marins se retrouvaient autour de la statue de la Vierge Noire, trouvée, disait-on, sur la plage un jour de tempête par un Franciscain[34] et pour laquelle on avait érigé, il y avait bien longtemps, une petite chapelle dans les sables. L'édifice avait été plusieurs fois reconstruit, en forêt cette fois, tempêtes et sables l'ayant souvent mis à mal. Andréa, à qui la foi posait pourtant des questionnements, leur racontait toujours cette fête de l'Annonciation de 1849 où les pilotes et les matelots, la tête découverte, à genoux dans leurs bateaux, avaient reçu la bénédiction du chapelain qui conduisait la procession, descendant de la chapelle dans l'allée bordée de chênes vénérables[35] jusqu'à la croix érigée sur la plage au bout du chemin. Ebranlée dans ses convictions fragiles, elle en gardait malgré tout un souvenir très ému…

A la maison, tous se rappelaient aussi l'année 1854, où Andréa avait tellement milité avec les marins et leurs familles contre la décision de l'archevêque de ne pas agrandir la chapelle… mais de la raser et de la remplacer par un monument mieux adapté. Raser la chapelle ! Lieu de tant de prières, de processions, protection divine à laquelle tant de marins étaient attachés ! Les pétitions ayant porté leurs fruits, la chapelle ne fut pas détruite mais enclavée dans une église moderne dont le clocher dominait à présent la ville qui grandissait.

Les enfants d'Andréa pensèrent lui rendre un dernier hommage en allant unir leurs prières, le 25 mars, à celles de tous les marins, traditionnellement réunis pour une bénédiction commune. Mais, quand ils arrivèrent devant l'église qui se dressait, fièrement, face à la croix près de laquelle ils avaient accosté au petit débarcadère en bois, ils virent tant d'*estrangers* richement vêtus monter les marches imposantes avant de s'engouffrer dans la nef, tant de personnalités civiles et militaires occuper les premières places, face au chœur, qu'ils se sentirent mal à l'aise, exclus de cette assemblée trop mondaine qui n'avait rien à voir avec les modestes marins venus pour unir leurs prières dans l'espérance d'une protection divine. Leur malaise, ils en étaient sûrs, était à l'image de celui qu'Andréa aurait ressenti, elle aussi. Tous les marins, par la suite, préférèrent se retrouver dans la nouvelle église de Saint-Ferdinand, dans le quartier du *Moueng* où commençaient à s'installer les marins-pêcheurs venus de La Teste ou de Gujan.

Jeantou était très heureux de voir Reine s'adapter très vite à La Teste après avoir quitté le Mestras de son enfance et toute sa famille. Heureux qu'elle ait eu le temps de connaître Andréa et de vivre avec elle quelques années si riches en amitié ; elle avait puisé auprès d'elle force et courage. Mais il était temps maintenant de lui faire quitter La Teste où il n'y avait pas d'avenir pour la pêche dont il rêvait. Il savait que deux bateaux à vapeur, l'*Emile Péreire* et l'*Hubert Delile*, construits à Bordeaux, mouillaient dans les eaux du Bassin depuis 1864, croisant les chaloupes qui affrontaient toujours les difficultés des passes. Il avait été très impressionné et très ému devant ces vapeurs en bois de 25 mètres de long environ, conçus pour la pêche à l'Océan, car ils concrétisaient pour lui les rêves qu'avec Hugolin ils évoquaient dans le petit port de Mestras, confiants tous les deux dans les essais lointains du valeureux capitaine Allègre. Ayant eu pour mission, entre autres, de protéger les flottilles de sardiniers à l'entrée et à la sortie des passes lorsqu'elles étaient particulièrement mauvaises, il s'était joint, de nombreuses fois, à des équipes de volontaires pour aider des flottilles en difficulté. Reine avait éprouvé pour la première fois les angoisses de l'attente du retour… Jeantou mesura ces jours-là, où ils réussissaient à sauver les bateaux malgré la peur qui ne le quittait pas, la force et la détermination de sa femme. Les steamers avaient eu raison des passes, des vagues traîtresses et dangereuses, là était bien l'avenir.

Mais ces deux bateaux disparurent des eaux du Bassin, on parla d'une faillite retentissante. Jeantou reprit sa place sur la flottille des sardiniers d'Arcachon puisqu'ils vivaient là maintenant, auprès de tous ces marins, comme lui, habités par la pêche et peu intéressés par l'ostréiculture et ses installations qui commençaient à envahir les ports où ils étaient nés. Comme Jeantou, les pêcheurs savaient que leur avenir était à Arcachon, les premiers essais sur l'*Emile Péreire* et l'*Hubert Delile* les ayant grandement encouragés. En attendant, ils continuaient à débarquer à Eyrac, à tirer péniblement leurs bateaux sur le sable, à entreposer leur matériel et à faire sécher leurs filets devant le château Deganne et les grands hôtels. Ils partageaient leur espace de sable avec les familles d'*estrangers* venues respirer l'air marin, sous des ombrelles de dentelles et en pantalons de flanelle blanche, ne sachant trop que penser de cette promiscuité ! Mais nos marins comptaient bien sur cette clientèle aisée pour améliorer leurs maigres revenus. Aucun port n'existait à cette époque à Arcachon et toute l'activité maritime était donc centrée autour de la jetée d'Eyrac. Jeantou se souvint de l'apparition de ces deux steamers qui avaient fait sensation au bout de la jetée… le seul endroit où ils pouvaient accoster !

Reine portait un intérêt grandissant à tout ce qu'elle découvrait. Sa curiosité s'était éveillée aux côtés des deux familles Castaing et Dupouy si liées à La Teste. Jeantou lui confiait tous ses espoirs, toutes ses déceptions et elle avait très bien compris l'intérêt pour eux de venir vivre à Arcachon. Pierri fréquentait l'école primaire de l'Aiguillon, vif et passionné, comme sa mère l'avait été pour des études qu'elle aurait tant voulues poursuivre. Parfois, il se montrait doux et rêveur comme son père, et elle se prenait à échafauder pour lui mille destinées des plus heureuses… Elle allait souvent à la jetée d'Eyrac, plaque tournante de cette ville nouvelle où débarquaient aussi bien les sardiniers que les pinasses conduites par des marins, qui avaient vu là une façon d'arrondir leur salaire de marins-pêcheurs, à l'intention des *estrangers*. Elle s'aventurait quelquefois dans les quartiers « riches » comme elle disait, à l'ouest de la jetée, pour vendre ses *royans* frais et elle était chaque fois stupéfaite du nombre d'élégantes maisons, de plus en plus somptueuses, qui s'édifiaient au bord de l'eau et même sur la récente route qui partait du débarcadère, s'enfonçant dans les pins pour rejoindre l'église qui abritait la petite Vierge miraculeuse. L'été, elle se joignait aux autres femmes de marins sur l'esplanade de la jetée pour faire griller les *royans*, les petits rougets que tous ces riches promeneurs appréciaient à la descente des pinasses. Ils payaient bien, et là était l'unique raison de faire ce travail. Mais au fond, elle restait étrangère à tous ces oisifs qui portaient sur ces travailleuses un regard dans lequel elle semblait déceler un certain mépris…

Un marché en plein air s'était installé dès 1855 face à la jetée. Sur son petit étal, Reine vendait des coquillages qu'elle ramassait avec Pierri dans les chenaux, ou des champignons qu'ils allaient cueillir, à l'automne, dans la forêt usagère toute proche. La récolte de ces derniers passionnait beaucoup de gens du pays, tant pour le plaisir de la découverte, du goût particulièrement délectable, que pour le profit qu'ils en tiraient avec tous ces *estrangers* prêts à y mettre le prix ! Mais, hélas, leurs champs de recherches s'amenuisaient peu à peu, à leur grande déception ! La folie de construire, qui semblait habiter ce nouvel Arcachon en bord de mer, se retrouvait en forêt où des maisons singulières, superbes, mais de plus en plus fantaisistes, s'édifiaient le long des routes qui s'ouvraient, sinueuses, à travers bois. Quand Reine longeait la route empierrée qui la conduisait chez elle, elle aimait bien s'arrêter dans l'église Saint-Ferdinand, s'asseoir dans la fraîcheur de ses murs. Elevée à Mestras, imprégnée encore des principes que le clergé de son enfance s'employait à maintenir avec force prières et processions... bien qu'ébranlée un peu par la lucidité d'Andréa, elle éprouvait le besoin de faire une prière pour que les projets de Jeantou se réalisent, ou simplement pour le bonheur de Pierri. Elle repartait plus forte, vers sa maison, non loin de leur cabane sur la plage, que Jules, le père de Jeantou, avait construite, épuisant ses dernières forces, allant chercher le bois dans la forêt de son enfance, aidé par Hugolin. Jules s'était éteint quelques mois après, miné par une maladie des poumons dont on ne connaissait pas le nom, mais qui faisait des ravages en ce XIXe siècle. La « cabane à grand-père », comme l'appelait Pierri, était pour Jeantou un bien précieux que lui avait légué son père. Souvent, là, face à l'étendue du Bassin qu'il pouvait à présent contempler à loisir, il voyait au large, à marée haute, les rangées serrées de *pignots* qui commençaient à délimiter les parcs à huîtres et, sur les larges « découvrants » à marée basse, les champs marins quadrillés de contours rectilignes. Si son regard se portait au-delà de la jetée d'Eyrac, où tourelles et clochetons s'élevaient au-dessus de somptueux édifices et de riches maisons, alors, avec toute sa sensibilité, il se disait avec nostalgie que dans les années passées, seuls les pêcheurs étaient la noblesse de la mer... Les ostréiculteurs étaient en train de la « coloniser » et il avait bien peur, devant cette frénésie de construire... il avait bien peur de ne plus trouver d'espaces vierges pour continuer à rêver comme il aimait tant le faire.

Mais le temps de la rêverie allait bientôt s'éloigner pour lui, pris dans l'engrenage de l'activité de cette ruche d'ouvriers qui, dès 1865, avait envahi le grand espace désert qui s'étendait de l'église Saint-Ferdinand à la pointe de l'Aiguillon pour commencer à construire. Oh ! pas de somptueuses maisons à l'image de la nouvelle ville d'Arcachon, mais des hangars, des bureaux, des appontements métalliques, des ateliers, des dépôts, des estacades... Une débauche de matériel fut entreposée, amenée là tant par bateaux que par le train depuis les gares d'Arcachon et de La Teste... Et le bruit courut, incertain d'abord, puis se répandit comme une onde de satisfaction et une espérance de travail dans ce nouveau quartier de pêcheurs : un homme d'affaires était en train de monter une société de pêche, une entreprise destinée à la pêche en mer avec des chalutiers à vapeur ! Le nom de Johnston[36] fut très vite connu, ainsi que celui de son entreprise : la Société des pêcheries de l'Océan.

Le souvenir des deux premiers bâtiments à vapeur était encore très présent dans les esprits, leur faillite avait fait grand bruit et causé beaucoup de déceptions.

Jeantou suivait avec un intérêt croissant le développement de ces installations qui demandaient une main-d'œuvre importante étant donné leur étendue et la rapidité avec laquelle le travail devait s'accomplir. Connaissant le problème de l'accostage et comprenant que la jetée d'Eyrac ne pourrait suffire, il avait tout de suite pensé qu'une deuxième jetée au niveau des pêcheries allait être construite, sans doute par les pouvoirs publics, contribuant ainsi au développement de l'entreprise. Aussi, quelle ne fut pas sa surprise et son admiration pour ce patron qui, ne comptant que sur lui-même, édifia sa propre jetée de débarquement ! Ainsi, le 11 décembre 1866, se profilèrent à nouveau dans le Bassin deux vapeurs flambant neufs, venant tout droit des chantiers navals de Glasgow en Ecosse, qui furent tout de suite inscrits au quartier maritime de La Teste sous les noms de *Cormoran* et *Héron*. Jeantou comprit alors que ces grands vapeurs étaient là pour la réalisation définitive de ses rêves. Devant ces navires qui allaient révolutionner la pêche et braver les passes, peut-être eut-il la même vision futuriste qu'Elisée Reclus[37] qui relate dans ses écrits : « *La barre d'Arcachon cessera d'être un épouvantail ; les marins étrangers apprendront à la braver comme ils affrontent déjà depuis des siècles la barre bien plus redoutable de l'Adour et, tôt ou tard, on verra les prés-salés de La Teste transformés en docks... Certes la France serait coupable, comme nation, si elle ne trouvait pas le moyen d'utiliser cet admirable Bassin qui pourrait donner asile à des milliers de navires... on peut espérer que le commerce s'emparera bientôt de cette petite mer d'Arcachon, naguère si peu connue...* »

Alors les vieux pêcheurs de la *péougue* virent avec nostalgie d'étranges machines à vapeur chaluter à la place des chaloupes, les cheminées des

Promiscuité entre marins et estrangers à Eyrac. (Enfants Terribles, Arcachon.)

bateaux supplanter les mâts à voiles, les moteurs reléguer les rames, mais ils déplorèrent aussi que des volutes de fumée noire assombrissent la luminosité de leur ciel si pur !

Jeantou et Reine vivaient avec excitation cette frénésie qui s'était emparée de l'Aiguillon où les marins de Mestras, Gujan, Meyran... venaient se fixer désormais. Tous sentaient bien que leur gagne-pain était là. Valentin fut le premier à rejoindre Arcachon, rêvant comme Jeantou d'espaces lointains pour exercer sa passion de la mer, laissant à son père les sardiniers qui ramassaient une telle quantité de poissons que des usines de conserves commençaient à s'édifier çà et là autour de lui. Il lui avait confié sa mère, vieillissante et usée par sa vie de labeur, triste de le voir partir alors que Reine lui manquait tellement ! Petit Manu et Henri regardaient avec prudence cette véritable révolution, ils préféraient continuer leur *péougue* à La Teste. Quant à Augusta, elle accepta cette sage décision, peu désireuse de laisser Marie, sa mère, seule et tellement désemparée après la mort de Jules.

Fasciné par les deux vapeurs, Jeantou fut un des premiers à s'embaucher comme matelot sur le *Cormoran* et à y découvrir tous les aménagements qui renforçaient sa confiance sur ses conditions de travail à bord : des compartiments étanches assuraient la sécurité... en attendant un sauvetage éventuel, un cabestan à vapeur remplaçait la force des bras pour la remontée des filets, un réservoir était destiné à ramener le poisson vivant, une passerelle surélevée édifiée devant la cheminée permettait au patron d'avoir une vue plus large sur la mer et sur le navire.

Il se sentait rassuré aussi par la solidité de ces bateaux en fer, il avait vu tant de chaloupes mises en pièces par les vagues monstrueuses et tant d'épaves de bois rejetées par les eaux ! Il n'était pas possible, pensait-il, que la mer eût raison de ces monstres de fer alors qu'elle se jouait si facilement de ces frêles embarcations de bois. Il pouvait rassurer Reine quand il partait dans les passes, chargé de la protection de plusieurs chaloupes qui pêchaient encore à la *péougue*, ou quand ils assuraient le remorquage des caboteurs à voiles venus porter sur le Bassin le charbon du pays de Galles, destiné à l'alimentation des chalutiers, et qui repartaient chargés de poteaux pour leurs mines de charbon. Il lui racontait ce qu'il glanait çà et là, toujours attentif à la moindre information sur la lointaine Ecosse et les chantiers navals où ces navires avaient été conçus et qu'il lui était difficile d'imaginer... Il apprit ainsi le nom d'un certain James Watt[38], écossais, à qui l'on devait tout le développement de ces machines à vapeur.

Mais il voyait avec tristesse, peu à peu, Arcachon se couper en deux. Au-delà d'Eyrac, une ville de luxe et de loisirs continuait à s'édifier, animée de fêtes multiples, de défilés nautiques et de visites de personnalités de toutes sortes, dont quelques échos arrivaient jusqu'à l'Aiguillon. Les pinasses des sardiniers et les filets de pêche étaient refoulés petit à petit de la plage du château Deganne jusqu'aux pêcheries de l'Aiguillon et il comprit que ces *estrangers* réclamaient une jouissance exclusive de leur espace de loisir et de santé. Il se demanda si, un jour, tous ces marins-pêcheurs n'allaient pas se sentir à leur tour *estrangers* sur leur propre territoire marin ! Cela le peinait... Et, quand il voyait le soir le poisson débarqué sur la jetée des pêcheries, transporté par chariots jusqu'à la gare d'Arcachon par des marins fatigués, il se demandait aussi, oh ! sans jalousie (il n'était pas envieux Jeantou), pourquoi la « belle étrangère » riche d'à côté ne pensait pas à leur aménager seulement une bretelle de chemin de fer pour alléger leur peine !

Valentin avait été pris lui aussi comme matelot sur le *Cormoran* et ils furent surpris tous deux de la présence de camarades bretons qui naviguaient avec eux. Nombreux, en effet, étaient les Bretons et leurs familles qui s'étaient installés à l'Aiguillon depuis la naissance des Pêcheries de l'Océan qui n'avaient pas trouvé assez de personnel sur place, beaucoup de marins du Bassin s'étant tournés vers l'ostréiculture. Ils se trouvaient bien à Arcachon, appréciaient la société Johnston qui leur assurait un salaire régulier mais pourtant bien humble pour un travail très pénible, compte tenu de la précarité des installations. Tous deux apprécièrent ces compagnons à l'accent rude, habitués des mers sauvages et des brisants[39] sur leurs côtes de granit. Ils unirent même leurs prières par une belle de journée de juillet 1870 au cours d'un pardon (fête spécifique des marins bretons) que le curé de Saint-Ferdinand avait organisé pour eux !

Reine avait trouvé à s'embaucher dans l'entreprise qui aménagea sa propre halle d'expédition de poisson où les femmes de marins triaient, classaient les diverses catégories, emplissaient les caissettes de bois de la précieuse récolte que leurs maris avaient ramenée des profondeurs de l'océan. Vive et entreprenante, elle appréciait d'apporter sa part de salaire à la maison malgré le rythme rapide du travail, les petits matins frileux dans l'aube naissante où elle laissait Pierri, juste réveillé, qui partirait seul comme un petit homme à l'école qu'il aimait tant. Il allait la retrouver, le soir à la sortie, et elle s'attendrissait de le voir, fière de ce fils qui avait conquis ses compagnes de travail par sa frimousse si fine et sa gentillesse. Celles-ci le gratifiaient d'un *pountoun d'arrousiney*[40]. Ils rentraient tous deux à la nuit tombante, on parlait de Jeantou et de Valentin, on comptait les jours jusqu'à leur retour, partageant la même inquiétude mais aussi la même espérance quand le temps était beau et la mer tranquille. Reine aimait ses compagnes de travail, c'était la première fois qu'elle faisait partie d'une communauté de femmes. Leurs *esclopes*[41] claquaient dans les matins frais, elles s'interpellaient en gascon, en français, en un savoureux mélange de langages où les vaillantes secouaient les endormies qui traînaient un peu :

- Ça va ?
- *Que pot anar*[42]
- *Biste biste, q'ès l'ore*[43] *!*
- *Chàou, tout chàou*[44]...

C'était la première fois aussi qu'elle pouvait partager, entre femmes, ses soucis, ses angoisses, ses préoccupations financières, les conseils des unes, les plaintes des autres… sans pour cela ralentir le rythme du travail et en continuant à laver, trier, ranger, car le poisson ne pouvait attendre. Il devait arriver frais sur les marchés bordelais, l'heure du train était l'aiguillon implacable qui maintenait la cadence. Elle aimait cette solidarité qui les unissait même si, en rentrant le soir, les tâches ménagères la prenaient tout entière et réduisaient d'autant les heures de sommeil. Mais elle savait qu'elles pouvaient compter les unes sur les autres pour apaiser un chagrin ou soutenir un moment difficile… et aussi partager joies et bons moments quand ils se présentaient. Cela lui donnait de la force. Si, dans les premières années, Jeantou partait en mer pour vingt-quatre heures seulement, ses absences se firent plus longues au fil du temps. Il lui arrivait de partir plusieurs jours, voire une semaine, car le merlu abondait tout le long de la côte et jusqu'en Espagne. Et les séparations devenaient des moments de plus en plus difficiles.

Quand les *estrangers*, sur leurs plages propres, regardaient avec curiosité ces bateaux de pêche qui se profilaient au loin, crachant des volutes de fumée noire, pouvaient-ils imaginer que dans leurs flancs se pressaient des marins, le cœur encore lourd d'une séparation et que, sur la plage, là-bas, au-delà d'Eyrac (où ils ne mettraient jamais les pieds !), des femmes et des enfants les regardaient s'éloigner, l'angoisse chevillée au corps, pour un voyage semé d'embûches ? Mais les chalutiers disparaissaient à l'horizon, la fumée qui avait obscurci un moment l'azur de leur ciel bleu s'effilochait en lignes fines… et les femmes reprenaient leurs papotages, les enfants leurs jeux de sable et d'eau.

Reine repartait, serrant Pierri très fort contre elle, Pierri rêvant du jour où lui aussi s'embarquerait à son tour… Ils longeaient les pêcheries, puis le ponton d'où s'était éloigné le chalutier, encombré de poussière et de débris de charbon que les chauffeurs étaient allés chercher dans de vieux gréements où il était stocké en attendant peut-être une réserve à terre. Pierri s'étonnait toujours de cette activité fiévreuse qui régnait partout. Ici, des hommes mettaient en tas des poteaux de mine, jeunes pins aux fûts bien droits que des muletiers avaient amenés de la forêt ; là, d'autres nettoyaient les caboteurs qui avaient amené le charbon, travail dur dans la poussière noire qui les faisait tousser. Plus loin, des ouvriers s'activaient à réparer des bateaux, malmenés par les caprices des tempêtes, dans des ateliers spécialisés. Des « messieurs en costume » sortaient des bureaux où il ne s'aventurait pas, intimidé par les patrons de ces entreprises qui avaient grandi si vite. Et tous deux retrouvaient leur maison, où Jeantou et Valentin étaient encore si présents, leurs vêtements sur une chaise, leurs chaussettes à terre, leurs couverts encore sur la table… et la vie reprenait. Pierri faisait consciencieusement ses devoirs du soir, tandis que Reine faisait disparaître les marques des absents tout en se remémorant les paroles apaisantes de Jeantou qu'elle faisait siennes : « *Ne t'inquiète pas, le* Cormoran *est solide, pense à toutes les chaloupes et les caboteurs qui ont été sauvés grâce à nous…* »

Reine était partie à La Teste, à la maison du bourg, avec Pierri, un dimanche de décembre 1875, avertie par Augusta que Marie, la mère de Jeantou, était morte. Jeantou était encore en mer pour quelques jours. Une grande tristesse régnait sur les deux maisons voisines dont l'une, à présent, était vide de ses occupants. Augusta pleurait ses deux parents, pleurait l'absence de Jeantou… La mer, une fois de plus, l'avait privée d'un précieux réconfort… la mer, toujours la mer qui soumet les familles à sa dictature féroce, une révolte qu'Augusta exprimait avec force et désespoir dans ces moments de deuil récent où la sensibilité s'exacerbe ! Marie Castaing avait joué avec beaucoup d'amour un rôle apaisant et consolateur dans cette famille touchée par l'absence d'Andréa. La vieille génération disparaissait, l'implacable loi de la nature était là. Seul Joseph, l'ostréiculteur, savait qu'il ne quitterait pas la maison familiale et c'était réconfortant pour tous.

Avec Antou, la femme de Joseph, Reine découvrait ces nouvelles familles d'ostréiculteurs qui commençaient à peupler les petits ports nichés au fond de leurs anses, ces familles, où l'homme et la femme travaillaient à la même activité, ne se séparaient jamais. Même si le travail était âpre, même si la parqueuse, au retour de sa journée pénible, s'attaquait aux tâches ménagères, Reine savait que cette femme n'aurait jamais l'angoisse des passes, l'angoisse d'un péril mortel pour son compagnon qui était sa vie et le père de ses enfants. Reine enviait cette sécurité, enfin pas tant que ça ! Car Antou ne connaîtrait jamais, sans doute, les étreintes éperdues de bonheur des retours, fortifiées par l'absence… la fête à la maison, l'émotion du père et du fils réunis, la vie que l'on raconte et dont Jeantou veut connaître tous les détails, les récits de Reine et de Pierri qui se mêlent et se terminent dans de longues effusions et des éclats de rire qui explosent, trop longtemps contenus. En fait, même s'il n'était pas là, il était toujours dans sa vie, dans son esprit, il ne la quittait pas et elle était sûre que, même si loin l'un de l'autre, ils pensaient aux mêmes choses, et peut-être aux mêmes moments :

> « *Lui, songe à sa Jeannie au sein des mers glacées*
> *Et Jeannie en pleurant l'appelle ; et leurs pensées*
> *Se croisent dans la nuit, divins oiseaux du cœur*[45]*…* »

Reine et Pierri étaient revenus de La Teste l'angoisse au cœur à l'idée du retour de Jeantou, quand il faudrait lui annoncer qu'il ne reverrait plus sa mère. Elle savait que ce retour ne ressemblerait pas aux autres, que des larmes couleraient et qu'il faudrait faire preuve de beaucoup d'amour et de tendresse pour les sécher un peu.

Chalutier le Cormoran. (Bulletin de la Société historique et archéologique d'Arcachon.)

Les vapeurs Johnston, comme on les appelait, s'étaient comportés depuis une quinzaine d'années comme de bons et loyaux serviteurs qui faisaient la fierté de leur compagnie. Au *Cormoran* et au *Héron* s'était ajoutés le *Pélican* puis le *Pingouin*. A la pêche au chalut, qui éloignait les marins pour plusieurs jours ou semaines, s'ajoutaient toujours des sauvetages de chaloupes à l'ouverture des passes. Ils pouvaient s'enorgueillir d'avoir sauvé de nombreuses vies humaines. Aucun sinistre n'était survenu et la confiance des équipages se renforçait au fil des années. Bien des changements s'étaient opérés dans nos familles amies. Petit Manu avait finalement abandonné la *péougue* et Henri s'était joint aux équipes de chalutiers où il avait d'abord été embarqué comme novice, inscrit provisoire, indécis et peu confiant. Ils étaient venus s'installer à l'Aiguillon. Petit Manu avait fait deux ou trois campagnes mais, fatigué et usé, il avait laissé la barre des Dupouy à Henri qui se pliait toujours difficilement aux conditions de cette nouvelle pêche. Ils avaient pris une petite maison dans ce quartier de l'Aiguillon, celui des pêcheurs, qui s'y étaient regroupés près des pêcheries. Henri, qui n'était pas marié, vivait avec eux.

Augusta avait quitté les deux maisons du bourg avec tristesse, là avait été son bonheur. Joseph et Antou en étaient les gardiens des souvenirs. Leurs concessions ostréicoles les occupaient à plein temps et Gustave, qui avait obtenu une seconde concession à La Teste, les retrouvait souvent. Augusta essayait de s'intégrer au mieux dans cette population de marins, aux accents si divers, où la promiscuité, trop grande à son gré, se peuplait de rumeurs de voisinage ou de disputes homériques, où les femmes partaient au travail aux premières lueurs de l'aube. Elle essayait de s'accommoder de sa petite maison, semblable aux autres, au confort sommaire et surtout, il lui manquait l'espace, le jardin et le petit champ contigu, l'air chargé d'iode et de sel, le silence, alors qu'ici, les sirènes de l'entreprise, celle des bateaux, la fumée des steamers, la poussière du charbon emplissaient trop souvent son environnement. Mais elle avait retrouvé Jeantou, l'amitié de Reine et ce petit Pierri, le portrait de son père, qu'elle chérissait particulièrement.

Petit Manu passait ses journées à la « cabane à grand-père », la cabane de Jules, d'où il suivait l'incessante activité des pêcheries qui le fascinait. Il rencontrait d'autres marins, à la retraite comme lui, partait pêcher avec eux sur le Bassin à bord d'une *tillole* ou chassait les canards sauvages. Mais il ne pouvait s'empêcher d'aller fouiner sur le ponton à l'arrivée des bateaux et les pêcheurs appréciaient grandement ce grand-père qui les aidait à transporter les caisses de poissons sur les chariots, à laver les pontons… ou mille autres occupations bénévoles le rattachant à cette activité qui avait été sa vie.

Valentin était parti pour le service militaire, la mort dans l'âme. Absent de longues années, il avait, au retour, rencontré Louise qui travaillait à la fabrique de filets de l'entreprise Johnston voisinant avec la halle d'expédition du poisson et les constructions navales. Ils avaient fondé une jolie famille, et leur petit Jean fréquentait déjà l'école primaire de l'Aiguillon. Il avait repris du service à bord du *Héron*, rêvant de retrouver Jeantou, un jour, sur le même chalutier.

Hugolin était mort. Sa fortune personnelle lui avait permis de doter Pierri d'un petit capital et ses parents, éperdus de reconnaissance, avaient longtemps hésité sur l'utilisation de cet argent. Reine aurait bien voulu réaliser avec son fils le rêve auquel elle n'avait pu accéder elle-même : poursuivre son instruction. Choix difficile pour Pierri dont l'attirance pour la mer se faisait de plus en plus pressante. Bon élève, il ne pouvait dissocier la poursuite des études et son désir de naviguer. Alors Reine s'enhardit à penser à cet établissement, le collège Saint-Elme, dont elle avait entendu parler, où l'on poursuivait les études secondaires tout en donnant aux élèves la possibilité de s'initier à la marine à bord de goélettes ou de trois-mâts. Oh ! ce n'était pas loin de l'Aiguillon, certes, ni de Saint-Ferdinand, mais la réputation qui en était faite parmi nos marins était celle d'une école « pour les riches », pour tous ces *estrangers* qui commençaient à s'installer définitivement dans les belles demeures d'Arcachon, ou pour les fils d'armateurs, les propriétaires des

bateaux qui faisaient vivre les marins. Lorsque Reine soumit son idée à Jeantou et Pierri, ils furent tous deux assez interloqués :
- Mais, Reine, ce n'est pas un milieu pour nous… c'est une folie !
- Maman, on va peut-être me mépriser, je ne serai pas à l'aise… et puis ça coûte trop cher.

Et Reine, en mère admirative et décidée à poursuivre son rêve, leur répondit :
- Hugolin nous permet de payer tes études. Tu ne porteras peut-être pas les beaux habits de ces garçons mais, quand ils te connaîtront, ne t'inquiète pas, ils finiront par t'adopter !

De fait, le jour où Reine franchit avec Pierri, peu de temps avant la rentrée de 1880, les quelques marches qui menaient au bureau du dominicain-directeur, ils n'étaient pas très à l'aise dans ces murs austères. Le directeur ne put retenir un instant d'étonnement, vite réprimé, devant cette femme, belle certes, mais de tenue si modeste, aux mains rougies, des mains de travailleuse manuelle auxquelles il n'était vraiment pas habitué. Il écouta très attentivement les projets de Reine tout en observant cet enfant aux traits fins, délicats, intimidé bien sûr. Il vérifia ses résultats scolaires dont il ne put que le féliciter. Alors, un peu gêné, tout en raclant sa gorge, il s'adressa à Reine :
- Bien sûr, madame, votre enfant est un très bon élève, mais vous savez que l'enseignement que nous dispensons ici nous oblige à beaucoup de frais, et nous sommes obligés de demander…

Mais Reine lui coupa la parole et, avec toute sa fierté retrouvée, répliqua :
- Monsieur le directeur, je ne suis pas venue vous demander la charité, je connais le prix des études et je suis prête à les assumer…

Reine vit alors le directeur, impressionné par tant de détermination, prendre un long porte-plume d'écaille sur son bureau de chêne ciré, tremper la plume en acier dans son encrier de verre, ouvrir ses registres et, d'une écriture fine et élégante, inscrire le nom de : *Pierre Castaing, domicilié à Arcachon, quartier de l'Aiguillon. Profession du père : marin-pêcheur.* Et c'est ainsi que Pierri entra dans cette école de prestige. Les premiers temps furent assez difficiles. Mais, petit à petit, ses bons résultats et sa gentillesse joints au grand intérêt qu'il prenait à la navigation en firent un élève très apprécié, tant par ses camarades que par ses professeurs.

A La Teste, un terrible malheur avait encore endeuillé la famille Dupouy dont la mer avait déjà ravi le père et le fils le jour du *gran malhour*, dans la lointaine année 1836. Léon, leur petit-fils, qui continuait encore la *péougue* sur la chaloupe de son beau-père, fut emporté avec lui dans les passes au cours du naufrage de l'une des dernières chaloupes, la *Lionne*, en 1877. Sa jeune épouse, Marion, élevait son petit Jacques auprès de sa belle-mère. Elle s'ajoutait à la longue liste des veuves de marins, victimes du danger des passes toujours aussi présent.

Henri ne réussit pas à s'habituer aux vapeurs Johnston. Il lui manquait la pureté de l'air, il ne supportait pas d'être enfermé dans cette « *carcasse de fer* » et de respirer fumée et poussière de charbon. Il réussit à se faire embaucher dans les ateliers de réparation de bateaux. Son habileté manuelle l'aida beaucoup dans cette nouvelle activité.

Jeantou et Reine avaient vu s'édifier les maisons de repos et les luxueuses villas dans la forêt d'Arcachon et ils entendirent parler de gens qui venaient soigner là leur maladie pulmonaire. Jeantou comprit alors que la phtisie, dont le nom se répandait, était bien la maladie qui avait emporté son père. Il en fut très ému, mais pensa que, de toute façon, il n'aurait jamais pu payer les frais que tous ces malades investissaient pour leur guérison, bien aléatoire disait-on déjà !

La soirée du 28 octobre 1882 et les jours qui suivirent restèrent mémorables pour le quartier de l'Aiguillon, la ville d'Arcachon et le Bassin tout entier. Depuis le matin, un violent vent d'ouest soufflait sur la petite mer de Buch qui avait pris des allures d'océan et secouait violemment les *estacades*. Dans l'après-midi, un peu avant la marée, l'eau s'engouffra furieusement dans la halle, provoquant cris et confusion. En un laps de temps très court, les caisses de poissons furent recouvertes ; les femmes affolées, entravées par l'eau jusqu'aux chevilles, criaient, cherchant désespérément à grimper sur tout ce qui se présentait, pour échapper à la furie des eaux.

Se ressaisissant, Reine se représenta tout de suite Augusta, seule dans sa maison et songea à la secourir, courant dans l'eau qui continuait à monter. Le quartier était entièrement submergé. Elle sauta dans une des barques qui circulait déjà dans les rues pour porter secours. Augusta s'était réfugiée dans le grenier. Pataugeant dans l'eau elle lui monta ce qu'elle pouvait sauver, lui demandant d'attendre. Une autre barque la mena jusque chez Valentin où l'eau avait envahi le rez-de-chaussée, mais la maison était vide. Jean était à l'école et Louise au travail. En sortant, elle trouva Petit Manu dans sa propre embarcation, essayant de porter secours lui aussi. Le spectacle était navrant. Alors qu'il se dirigeait vers le ponton où deux vapeurs étaient à quai, ils virent avec stupéfaction s'effondrer la jetée d'Eyrac alors que des planches, des barriques, des lits, des sommiers étaient projetés sur les perrés des belles maisons au-delà de la jetée !

La soirée et la nuit furent terribles et beaucoup de solidarité s'établit pour loger les uns, porter secours aux autres. Le bruit courut même que le maire d'Arcachon, monsieur Méran à l'époque, et le commissaire de police étaient arrivés à l'Aiguillon pour savoir si toutes les familles sinistrées avaient reçu asile. Le lendemain matin, l'eau s'était retirée, mais la consternation se lisait sur tous les visages, et l'on apprenait que le drame s'était joué particulièrement à l'île aux Oiseaux où séjournaient plusieurs ostréiculteurs avec leurs familles.

Dans l'eau jusqu'au cou, la plupart des gens attendirent ainsi jusqu'au reflux tandis que leurs cabanes et ce qu'elles contenaient étaient emportés par les flots. L'*Albatros* partit pour l'île avec les autorités pour ramener à terre les gens qui avaient tout perdu. Les vapeurs furent envoyés avec leurs équipages pour sillonner les eaux. Jeantou et Valentin purent constater des dégâts considérables sur tout le pourtour du Bassin. On déplora beaucoup de morts dans ce déferlement. Une souscription fut ouverte par la municipalité d'Arcachon et un concert de chants fut organisé au casino au profit des victimes. Il fallut de longues semaines pour reconstruire, réparer les voies de chemin de fer qui avaient souffert. Quelques dégâts matériels furent à déplorer chez Jeantou et Petit Manu, mais toutes les vies étaient sauves, là était bien l'essentiel. Une période de mauvais temps s'installa jusqu'à la fin de l'année. Jeantou sur le *Pélican*, Valentin sur le *Héron* effectuèrent de nombreux allers-retours vers les passes où caboteurs, chaloupes ou sardiniers luttaient trop souvent contre les éléments déchaînés. Ce fut une fin d'année noire qui marqua tous les esprits.

Ecole Saint-Elme. (Enfants Terribles, Arcachon.)

L'année 1883 commença sous de meilleurs auspices. Les plaies du raz-de-marée étaient pansées, l'entreprise Johnston avait remis en état pontons et bâtiments malmenés par l'eau et le vent. Les diverses souscriptions et fêtes de charité avaient aidé nos pauvres familles de marins bien éprouvées, privées également de la part de poisson si précieuse attribuée aux retours de pêche. Seule, l'école Saint-Elme n'avait pas subi de dommages : aucune goélette n'était en mer avec les élèves le jour dramatique du 28 octobre. Pierri pouvait reprendre ses études qui le passionnaient. Les pêcheries, à nouveau, retrouvèrent leur activité au grand soulagement de tous. L'entreprise avait tenu à verser la totalité des salaires mensuels aux équipages, la solidarité faisait chaud au cœur, l'espoir renaissait.

Petit Manu, seul, vieillissait... La perte de son fils Léon l'avait terriblement affecté et il fallait toute l'attention d'Augusta et de Reine pour le rattacher à cette vie au cours de laquelle il avait vu disparaître son père, son frère, puis sa mère et enfin un de ses fils. Augusta se rattachait à l'amour de Jeantou, qui était toujours pour elle « le petit frère » et à celui de Pierri, dont elle était fière. Pierri qui avait été si présent dans ces jours dramatiques de la tempête, Pierri qui gardait toute sa simplicité malgré le milieu bourgeois qu'il fréquentait, Pierri qui avait amené avec lui deux camarades de ce milieu-là prêts à aider en logeant chez eux quelques sinistrés. Depuis, Augusta avait considéré les *estrangers* « au-delà d'Eyrac » avec plus de bienveillance. Reine aussi avait repris le travail, elle passait tous les soirs au foyer de Valentin où une petite Hélène était venue agrandir la famille.

Le *Pélican* allait bientôt appareiller pour une longue semaine. Valentin, marin sur le *Héron*, avait dû renoncer à son désir de rejoindre Jeantou sur le *Pélican*. Son patron avait besoin de ce matelot chevronné qui avait acquis un bon savoir-faire sur les mers où il avait bourlingué durant son service militaire. L'annonce de la prochaine pêche du *Pélican* fut, pour lui, l'occasion de renouveler sa demande qui lui tenait à cœur depuis toujours. Mais il dut essuyer encore un refus catégorique de son patron.

- On y arrivera, lui disait Jeantou, tu verras, on se battra ensemble et nous gagnerons.

Sur le ponton, ce matin-là, Petit Manu était venu de bonne heure. Il savait que Jeantou s'embarquait et, à chaque départ de Jeantou ou de Valentin, il venait revivre l'atmosphère si particulière et l'activité fébrile qui y régnaient. Tant de départs avaient jalonné sa vie de marin, tant de bénédictions les avaient accompagnés, là-bas, dans la *Canelette* où les chaloupes, en file indienne, attendaient la marée haute pour s'ébranler... Rien à voir évidemment avec le va-et-vient continu des chariots que les chauffeurs allaient remplir de charbon, puis vider dans la soute pour huit jours de combustible, tandis que le ponton se couvrait d'une pellicule noirâtre. L'odeur âcre de la fumée noire qui commençait à s'échapper des chaudières « en chauffe » lui piquait la gorge. Les *peychares*[47] s'agitaient autour du gros chalut qu'ils amarraient solidement le long du bord du bateau :

- Hé Manu, lui criait Jeantou dès qu'il l'apercevait, ça va ?
- *Que pot ana*[48] !
- Il fait beau, on n'aura pas la *bâtarde*[49] dans les passes.
- *Ségu ! Soulide*[50] !

Et les exclamations se poursuivaient, couvrant les bruits qui fusaient du ponton et du bateau.

Petit Manu était toujours ému à chaque départ. Jeantou, c'était « le petit frère » Castaing, vingt ans les séparaient, c'était presque son petit, à lui… et des larmes toujours prêtes à couler, parce qu'il était vieux et avait vu beaucoup de malheurs, perlaient à ses paupières à l'idée que celui-là aussi pourrait, un jour, ne pas revenir… La sirène, soudain, couvrait tous les bruits du port, c'était le signal du départ, il savait que, là-bas, dans la halle d'expédition du poisson, le cœur de Reine se serrait, en silence, comme celui de toutes les femmes des marins qui partaient et gardaient en elles l'angoisse toujours renouvelée des départs. Et après un dernier adieu de la main, Petit Manu repartait, un peu plus voûté chaque fois, mais il savait que trois coups de sirène salueraient au passage la croix des marins devant la petite Vierge d'albâtre et ça le réconfortait un peu…

La cruauté du destin, cependant, n'avait pas dit son dernier mot. Tout doucement d'abord, parce qu'on n'osait y croire, la nouvelle, rue par rue, se répandit comme un flux de malheur, puis enfla dans une explosion de pleurs et de lamentations : le *Pélican* avait disparu corps et biens au large de l'île de Ré, dans l'océan Atlantique ! Quinze ans de plein succès… et les Pêcheries de l'Océan vivaient leur premier drame… terrible ! Les carcasses de fer qui s'étaient portées si vaillamment au secours d'embarcations plus frêles étaient vulnérables elles aussi ! L'Océan en avait eu raison… Le *Pélican* avait disparu, dans l'anonymat le plus total, sans aucun témoin, lui qui avait secouru tant de marins ![51] Aucun survivant, personne pour raconter l'impensable, la peur, la tempête, la lutte contre les éléments déchaînés, l'horrible solitude des marins, seuls, sans secours alentour ! Tant de naufrages pourtant émaillent depuis toujours la longue aventure de la navigation, mais celui-là fut le pire ! C'était le premier chalutier que la mer avait vaincu, on l'avait presque pensé invulnérable ! Il fut signalé simplement que le mauvais temps l'avait obligé à chercher refuge à La Rochelle un soir et qu'il avait repris la mer le lendemain… un poste de l'île de Ré l'avait

Eglise Notre-Dame et croix des marins. (Collection particulière.)

vu prendre le large. Une bouée en couronne portant l'inscription *Pélican - La Teste* fut recueillie sur la côte ouest de l'île de Ré. Le *Héron* fut envoyé aux nouvelles dans les parages de l'île. Valentin, au désespoir, faisait partie de l'équipage. Il examinait minutieusement les quelques épaves recueillies qui ne laissaient aucun doute sur le naufrage mais, le cœur battant, il espérait trouver la moindre petite « chose » qui aurait appartenu à Jeantou, qu'il aurait ramenée comme un trésor, qui aurait perpétué son souvenir. Mais rien, la mer implacable avait tout gardé et continuait, indifférente, à battre les flancs du navire. Les questions se bousculaient dans sa tête : *« A-t-il souffert dans sa chair ? A-t-il eu le temps de réaliser que sa confiance envers ces vapeurs n'était plus de mise ? A-t-il eu le temps de se voir mourir ? S'est-il accroché à une bouée qui a prolongé sa souffrance ? »* Aucune réponse ne fut apportée et l'on pouvait toujours avancer mille suppositions puisque la cause du naufrage ne serait jamais connue. Il fut murmuré cependant que, vu l'état des épaves recueillies, ce naufrage aurait pu être la conséquence, non de la tempête, mais d'un abordage… Comment en être sûr, quels moyens d'investigation possédait-on ? Aucun. Comment ne pas espérer, pouvaient penser les gens de cette époque, qu'un jour, lointain peut-être, des moyens plus importants ne soient trouvés pour expliquer l'inexplicable.

Valentin réalisait (fallait-il s'en réjouir ou le déplorer ?) qu'il avait voulu être avec lui, ils auraient disparu ensemble, accrochés peut-être l'un à l'autre ! Mais l'image de son fils et de sa petite Hélène, ainsi que le bonheur de Louise à son arrivée, se superposaient aux images précédentes et il pensait que, peut-être, le destin avait sans doute voulu l'épargner.

A sa table de travail, sous la halle, Reine avait appris la nouvelle. Ni cris, ni larmes, elle écarta résolument ses compagnes atterrées. Très pâle, elle s'enroula dans sa pèlerine et s'enfuit en courant. Aller à Saint-Elme, serrer Pierri dans ses bras et lui apprendre elle-même l'impensable. C'est cela qui soutenait sa course éperdue ce matin-là dans les rues d'Arcachon. Alors leurs sanglots se mêlèrent, lourds et profonds, tandis que le directeur, averti, faisait avancer un fiacre pour les ramener chez eux, avec toute sa compassion, bouleversé par cet immense chagrin devant lequel il ne trouvait aucune parole de consolation.

Comme souvent dans les bouleversements de la vie, on revient instinctivement vers celle qui s'est penchée sur vous depuis votre plus tendre enfance, Reine revint chez sa mère, à Mestras. Elle avait besoin de paix, d'une sollicitude pleine de tendresse, et cette femme fatiguée, usée par une vie sans concession, retrouva pour sa fille qui avait encore besoin d'elle les paroles, les gestes, les attitudes qu'elle attendait. Pierri ne l'avait pas quittée, il avait pris la ferme décision de ne pas retourner à Saint-Elme. Seul maître de son destin à présent, il avait considéré que l'argent de ses études devait être utilisé à subvenir aux besoins de sa famille. Il savait (il l'avait appris dans les cours à Saint-Elme) que la dure loi des disparitions n'apportait aux familles aucun secours tant que les corps des marins n'avaient pas été retrouvés. Une très longue période, de plusieurs années même, pouvait s'écouler avant qu'ils ne soient déclarés « officiellement décédés[52] ». Il se jugeait suffisamment prêt pour naviguer, il remplacerait son père avec un salaire un peu plus élevé peut-être, mais sa mère pouvait compter sur lui. Ils passèrent beaucoup de temps avec Gustave, très affecté par la mort brutale d'un ami, d'un frère presque. Reine aimait le rencontrer, ils partageaient leur chagrin, parlaient de Jeantou, le faisaient « revivre » ensemble, prolongeaient sa présence... chacun le connaissant dans sa profonde intimité, pleurant souvent ensemble. Pierri apprenait son père enfant, adolescent, découvrait ses goûts et ses aspirations, si semblables aux siennes. Gustave mesurait la chance de son ami d'avoir partagé la vie de cette femme très belle, certes, mais si digne dans le chagrin, mesurait l'amour qui les avait unis et, plus grande encore, la terrible brutalité avec laquelle il avait été brisé.

Léonie les laissait seuls, souvent, tout à leur chagrin et à leurs souvenirs... Gustave avaient deux grands enfants : Jeanne qui avait continué des études, à la grande joie de son grand-père Hugolin qui avait pu les lui payer, et elle sortit bientôt des premières écoles normales pour exercer sa vocation d'institutrice. Bernard, plus jeune, ne semblait pas du tout prêt à affronter les lointains espaces. Oh ! Il poussait bien de temps en temps la brouette sur l'*estacade* pour ramener les huîtres de la *tillole* de son père à la cabane... mais il était bien plus attiré par les réjouissances et les loisirs que le luxueux Arcachon dispensait sans compter. Ses parents s'inquiétaient de plus en plus de lui voir prendre la *tillole* de son grand-père pour aller accoster près du casino et y jouer l'argent que ce dernier lui avait laissé.

Le port de Larros se construisait, encadré par ceux de Mestras et de la Passerelle, du nom de celle qui avait amené à marée haute, les premiers *estrangers* aux bains du docteur Daney, ancêtres de la talassothérapie à propos desquels un poète local[53] écrivait :

C'est Gujan et sa baignoire
Ici l'onde est un peu noire
Pour faire baigner les gens.

On avait prolongé le port par une très longue digue au bout de laquelle on prévoyait d'ériger une croix du Christ qui aurait, bien sûr, sa fonction tutélaire divine, mais qui serait aussi un souvenir pour les péris en mer.

La sardine était de plus en plus abondante dans le Bassin et l'Océan, les flottilles de plus en plus nombreuses, quelques entreprises de constructions navales s'élevaient déjà et les noms de Pradère, Dubourdieu, Fourton commençaient à acquérir une certaine notoriété. Des conserveries s'étaient avérées nécessaires et les ports de Larros, du Canal, de Mestras avaient pris une activité toute nouvelle rythmée par les sirènes d'embauche ou de débauche. Les femmes, qui trouvaient là un complément financier non négligeable, se pressaient devant les trois usines Teyssonneau, Chancerelle ou Lavesque. Reine aimait voir vivre les ports de son enfance, voir travailler les femmes dans cette promiscuité de l'usine qui lui rappelait la halle d'expédition des pêcheries Johnston. Elle y rencontrait souvent Estelle, la sœur de Gustave et Armelle sa fille, qui avaient saisi l'occasion d'un travail inespéré pour augmenter les revenus de la famille Broustau. Elles devaient, jusqu'alors, se contenter du salaire de Charles et d'Alphonse, le fils qui, comme tous, s'était embarqué à onze ans après l'obtention du certificat d'études. La famille vivait mieux et cette nouvelle activité plaisait bien à la mère et à la fille. Au petit *estey* de la Molle où Reine avait tant joué dans sa petite enfance et, plus grande, raclé les chenaux avec sa mère pour ramener clovisses et crevettes, s'élevait une petite usine où les têtes de sardines servaient à la fabrication d'un engrais. Quand le vent soufflait de l'ouest, l'odeur n'était guère appréciée. Estelle avait partagé avec toute son émotion la douleur de Reine. Jeantou était des leurs, de la famille, et elle imaginait le chagrin d'Andréa, si elle avait été encore là…

Le port de Larros à Gujan-Mestras. (Collection particulière.)

Reine était plus calme, ce retour vers son enfance avait été un baume apaisant, et elle envisageait à présent un retour très rapide à l'Aiguillon. Là était l'avenir de Pierri, là elle avait vécu avec Jeantou, là elle voulait continuer à vivre, retrouver l'activité fébrile de l'entreprise Johnston. Elle rêvait à tout ce qui l'attendait lorsqu'elle longeait les constructions du port et que l'odeur fétide de la *rogue*, imperceptible d'abord, puis de plus en plus insupportable, annonçait le retour de la flottille des sardiniers. Elle pensait aussi à ce syndicat de marins qui était en train de se constituer à Gujan. Elle avait souvent discuté sur le port avec les marins, avec leurs femmes aussi, et elle trouvait que c'était un très bon projet. L'avitaillement indispensable des marins était cher, il grevait leur maigre salaire et cette forme de coopérative, de groupement d'achats qui leur permettrait d'avoir au moindre prix vêtements et mêmes produits de première nécessité, les satisfaisait grandement. Les marins et leurs femmes commençaient à venir s'approvisionner au café du Syndicat près de la gare, où ils trouvaient aussi bien vareuses, bérets, filets pour les différentes pêches, que boîtes de sardines, pâtes ou sel. On commençait à y voir, le soir, les marins avec leur brouette venir chercher la *rogue* nécessaire à la pêche du lendemain. C'était l'occasion de se retrouver, de discuter, de boire « un petit coup » à l'occasion. Une convivialité qui leur convenait de plus en plus. Et cela donnait des idées à Reine, son esprit déjà revenu vers l'Aiguillon et ses camarades de travail. L'idée méritait d'être retenue. Elle repartit à l'Aiguillon un matin, laissant sa mère qui voulait continuer son travail de blanchisseuse, son père ses occupations au port à l'arrivée des sardiniers… se promettant bien de venir les chercher pour vivre avec elle quand l'âge se ferait lourdement sentir. Gustave lui promit de veiller sur eux.

Beaucoup d'événements s'étaient succédé dans les années qui avaient suivi le retour de Reine. Pierri, orphelin et seul soutien de sa mère, avait été dispensé du service militaire. Il avait pu s'embarquer sur le *Courlis* avec le même bonheur que son père au même âge. La mère de Reine était morte après son départ de Mestras, alors elle avait ramené son père, vieillissant, au grand bonheur de Petit Manu. Tous deux étaient devenus inséparables, se retrouvaient à la cabane de Jeantou pour échanger les bons moments et les périodes tragiques de leurs pêches lointaines. On les rencontrait aussi aux alentours des pêcheries, connus de tous, aimés de tous, toujours prêts à rendre service. On les voyait aussi beaucoup, au grand dam d'Augusta et de Reine, dans les petits cafés enfumés de l'Aiguillon, à partager le « verre de l'amitié » avec les marins du coin. Augusta, Reine et Valentin occupaient des maisons proches, des maisons basses, à peu près semblables. La cheminée de la cuisine, où l'on se réchauffait l'hiver, où l'amitié se resserrait, où les souvenirs resurgissaient tandis que sur la petite cuisinière en fonte noire mijotait la soupe de poisson ou la daube au vin quand la pêche avait été meilleure, tenait une grande place. Une longue table occupait la cuisine, grande pièce à vivre, où quelques assiettes décorées ornaient les étagères des vaisseliers. Un petit évier en grès avec un seau de fer rempli à la fontaine dans la rue, une petite cour donnant sur la cuisine, deux ou trois chambres complétaient l'agencement de ces petites maisons. Entre les chenets de fonte grillaient souvent grondins ou mulets du Bassin, turbots ou bars, odeurs communes dans les maisons voisines du monde de la mer.

Augusta tenait bon, pilier de tous les marins de la famille qui s'étaient retrouvés là où le travail les appelait. Reine l'aidait de son mieux mais elle avait repris son travail à l'entreprise, c'est là qu'elle aimait se retrouver quand Pierri était en mer, bien qu'il soit mieux protégé avec les dernières décisions prises par les pêcheries. La possibilité d'un abordage qui aurait pu causer la disparition du *Pélican* avait-il fait réfléchir les armateurs ? Toujours est-il que, dès 1884, tous les chalutiers comportèrent à leurs armements un *« canon porte-amarre en bronze avec quatre kilos de poudre ainsi que cinquante écoutes fulminantes »*. Ces nouvelles dispositions avaient néanmoins ravivé sa peine à l'idée qu'elles auraient peut-être sauvé son Jeantou. Valentin était toujours sur le *Héron*, de plus en plus apprécié par le patron qui l'avait affecté comme aide-mécanicien. Le travail était moins pénible, le salaire un peu plus élevé, et Louise avait pu quitter la fabrique pour s'occuper de Jean et de la petite Hélène. Les absences de Valentin se faisaient de plus en plus longues, les chalutiers partant labourer les côtes de l'Atlantique jusqu'en Espagne même. Reine et Augusta allaient souvent partager les soirées avec Louise lorsque la tempête soufflait et refoulait la fumée de la cheminée dans la cuisine et leurs esprits communiaient dans l'angoisse pour les deux marins.

La bénédiction du curé de Saint-Ferdinand avait uni, ce matin de 1885, Pierre Castaing et Emilienne Lousteau pour le meilleur et pour le pire, entourés par leurs familles qui, ce jour-là, ne voulaient penser qu'à leur bonheur, et par une foule de marins-pêcheurs, camarades de travail de Jeantou pour la plupart. L'ombre du *Pélican* planait dans la nef, plus pesante dans ces murs tapissés d'ex-voto réveillant les sinistres naufrages. Tous ces marins, tête nue, très émus, portaient leurs regards sur le jeune marié, le petit de Jeantou, si semblable à lui, qui perpétuait son souvenir. Des mouchoirs essuyaient furtivement quelques larmes tandis que beaucoup, en gestes malhabiles, faisaient tourner le béret dans leurs mains, ne sachant trop quoi en faire. Reine luttait de toutes ses forces pour offrir à son fils un visage apaisé tandis que Petit Manu était incapable de retenir ses larmes qui coulaient, silencieusement, dans les creux de ses rides. Les cloches avaient sonné à toute volée à la sortie de l'église où les familles de marins acclamèrent la belle mariée tout en blanc (les robes blanches peu à peu avaient supplanté les sombres) et ce jeune couple, symbole d'une éternelle continuité. La sirène du *Courlis* retentit plusieurs fois à la demande du patron de l'entreprise Johnston, qui savait adopter une attitude paternaliste à l'égard de ses employés.

La famille Lousteau habitait l'Aiguillon. Le père pêchait la sardine et la mère tenait, dans le bourg, une petite boutique hétéroclite qui portait en façade « Epicerie, Mercerie, Rouennerie » où l'on trouvait l'essentiel pour la ménagère : râpe à fromage fixée au bord de la table, fil, aiguilles, épingles, moulin à café en fer, chauffe-pieds alimenté à la braise aussi bien que le savon de Marseille, les petites boules bleues qui blanchissaient le linge, ainsi que le chocolat en poudre Hourcadine. On y trouvait aussi ce tissu bleu marine, épais et chaud, vendu au mètre, fabriqué à Rouen, dans lequel on taillait les vareuses des marins. Des claques pour marcher dans la vase voisinaient avec les grosses chaussettes de laine brute. Sur la table trônait la balance Roberval avec sa boîte de poids en cuivre. Le porte-plume posé près d'un encrier servait à tenir les comptes sur un petit carnet. Emilienne aidait sa mère dans la boutique, connaissait à peu près toutes les familles avoisinantes. Reine et Augusta étaient de bonnes clientes et, sur le banc, devant la boutique le soir, elles aimaient prendre un court moment de repos avec Emilienne, vive et enjouée qui, tout en bavardant, surveillait son petit frère qui jouait avec les enfants du quartier. Reine aimait bien cette jolie fille et elle retrouvait dans ses émerveillements et son amour pour Pierri ses propres émois lorsqu'elle avait rencontré Jeantou. Elles étaient deux maintenant à attendre le retour du même marin, la vie se renouvelait, immuable, à l'image de Petit Manu aux retours de la *péougue*, retrouvant sur la plage sa mère Andréa, veuve de marin, et sa toute jeune épouse Augusta.

Le plus heureux de tous dans ces familles si proches était Ernest, le père de Reine. Il avait retrouvé ses deux enfants qui, depuis longtemps avaient quitté Mestras, qu'il voyait rarement et il pouvait, enfin, profiter de ses petits-enfants qu'il connaissait à peine. Jean et Hélène se découvraient un grand-père avec toute son indulgence, ses histoires à raconter, ses réponses à toutes leurs questions. Ils découvraient avec lui l'animation le long des pêcheries, il leur racontait l'histoire des grands bateaux de papa, mais aussi celle des siens, si fragiles dans les passes dangereuses ! Ils lui serraient la main, très fort, chacun de leur côté. Quand Petit Manu se joignait à eux, il leur apprenait le patois de son enfance et les gratifiait toujours d'un tonitruant : *« Adiou canayots »*. Et les petits riaient, l'embrassaient. *« Bisoucayres »*, ajoutait-il en riant lui-même. Deux grands-pères à la fois ! Ils étaient vraiment comblés !

Quelque temps plus tard, un soir, le *Courlis* s'avançait vers le ponton après cinq jours d'absence. Reine et Emilienne répondaient de la main aux signes de Pierri qu'elles avaient reconnu. Visage buriné et rieur, il jeta sac à terre pour les prendre chacune dans un bras pour un baiser sonore. Les marins commençaient à descendre les caisses de poissons qu'ils entassaient sur les chariots et amenaient, à la force des bras, à la halle des pêcheries. Reine remarqua un compagnon de Pierri en pleine activité. Son « flair » de femme qui ne trompe pas le jugea bel homme. Quelques mèches blanches, çà et là, éclairaient sa tignasse noire, épaisse et frisée, en boucles désordonnées. Elle s'étonna de découvrir dans ce visage tanné de soleil et de sel, des yeux d'un bleu profond. Sa tâche terminée, il mit son sac sur l'épaule et, après un *« salut*

la compagnie ! », s'éloigna, seul, dans la nuit qui tombait. Curieuse et intriguée, Reine s'enquit auprès de son fils :
- Qui est ce compagnon ? C'est la première fois que je le vois.
Il s'appelle Loïc Le Garrec, c'est sa première campagne sur le *Courlis*. C'est un Breton, excellent camarade, il s'est très vite adapté. Il a fui la Bretagne après le décès de sa femme et de son enfant, je n'en sais pas plus. Le patron, très touché de sa situation, l'a embauché. Il connaît le métier, c'est un « dur ».

Et Reine, apitoyée, suivit des yeux la silhouette qui se perdait dans les rues de l'Aiguillon. Mais Reine resta troublée par ses yeux bleus, cette puissance qui l'animait lorsqu'il déplaçait, d'un geste rapide, précis et sûr, les caisses de poissons, une certaine noblesse dans le geste, sa démarche longue et souple qui fuyait le groupe. Reine rêva de le revoir, ce qui ne fut pas difficile dans ce quartier de l'Aiguillon où tous les marins se rencontraient. Alors que tout son être s'en défendait, son cœur battit très fort lorsqu'ils se croisèrent, un soir, le long des pêcheries. Ils se saluèrent puis, après un instant d'hésitation, il se retourna...
- N'êtes-vous pas la mère de Pierri ?
- Oui, bien sûr.
- J'ai cru vous reconnaître, vous étiez à l'arrivée du *Courlis*.

La conversation s'était poursuivie ce soir-là. Il était au courant du naufrage du *Pélican*, il comprenait sa peine, mais elle devait se raccrocher à l'amour que lui portait son fils, dont il avait parlé avec une chaleur et une admiration qui l'avaient profondément émue. Il ne parlait pas de lui. Respectant sa discrétion, elle se gardait bien de poser des questions puis, brusquement, comme un cœur qui se libère, il s'était confié : *« J'ai perdu ma femme et ma fille et je suis responsable de leur mort. J'ai voulu leur faire plaisir. Un dimanche, nous avons sorti mon petit voilier du port pour une promenade, le long de la pointe de Penmarch (j'étais marin au Guilvinec), le ciel était bleu, mais j'aurais dû me méfier d'un vent de noroît qui se levait, et cela, je ne peux me le pardonner... A un mille environ de la côte, avec une soudaineté effrayante, la mer s'est cabrée et une énorme vague a drossé le voilier sur la pointe de granit de la petite île où nous devions accoster. Le voilier a été coupé en deux, elles ont coulé à pic. J'ai nagé comme un fou pour les secourir, mais, rien, rien... un vide horrible autour de moi tandis que les épaves du voilier étaient emportées dans des tourbillons d'écume. J'ai voulu me laisser couler à mon tour, mais l'instinct de survie, sans doute, et je me suis retrouvé, brisé, seul, sur une petite plage de l'île. »* Les yeux bleus s'emplirent de larmes qu'il laissa couler sans retenue. Leurs mains se joignirent dans la même douleur.

Et ces mains qui s'étaient jointes, ce jour-là, dans un moment éperdu de tristesse, avaient fini, au fil des jours, par ne plus se quitter. Refuges mutuels qui ne rejetaient pas leurs morts, au contraire, mais leur donnaient la force d'en parler, de conserver leur mémoire, union de deux cœurs brisés qui se retrouvaient, prouvant que la vie est la plus forte, qu'elle pouvait se poursuivre, sereinement, renforcée peut-être par la douleur qui aurait pu la briser. Une courte bénédiction, dans l'intimité, avait uni Reine Castaing et Loïc Le Garrec, c'était en 1890.

Pierri avait assisté à cette découverte mutuelle, au fil du temps, très surpris d'abord. Le souvenir de son père, toujours présent à son esprit, se refusait à cette idylle naissante. Néanmoins, compagnon de travail sur le même bateau, il appréciait de plus en plus sa présence, son savoir-faire de marin chevronné, à l'aise dans toutes les situations plus ou moins périlleuses et la confiance naissante à son égard se mua bientôt en une amitié solide.

Loïc s'étonnait de ces dunes, de ces longues plages rectilignes, il découvrait les passes et leur danger perpétuel, se refusant à croire qu'on ne puisse, un jour, les dompter.

- Il faudrait que les pouvoirs publics se penchent sur ce problème, on ne peut pas continuer ainsi à endeuiller les familles de marins, disait-il avec son caractère pragmatique, toujours prêt à résoudre les difficultés.
- Hélas, je pense que l'on fait des recherches, répondait Reine.
- Vous avez la chance de ne pas avoir d'écueils de granit comme chez nous, qui sont autant de dangers contre lesquels on ne peut rien, hélas, et il n'est pas possible, ici, que l'on ne puisse résoudre une difficulté de courants et de bancs de sable… tu verras, on y arrivera !

Alors, Reine rêvait à cet avenir qu'il lui laissait entrevoir.

Pourtant, le 28 décembre 1892, le naufrage de l'*Albatros* dans les passes mit à nouveau en émoi la population de l'Aiguillon. Treize marins furent noyés et treize mères et leurs enfants ne virent jamais revenir les pères et les maris. Il venait juste de franchir les passes lorsqu'un violent coup de vent le fit mettre en travers et une seconde lame le fit chavirer. Un seul rescapé réussit à se maintenir à la surface de l'eau grâce à une bouée échappée du bateau, jusqu'à l'arrivée des secours !

Reine, Perri et Loïc vécurent mal ces journées de naufrage, trop de souvenirs refluaient en eux ! Loïc fut très marqué, lui aussi, ces passes étaient décidément maudites et cinq Bretons du Morbihan y laissèrent la vie ! Il avait fui la Bretagne et ses brisants qui lui avaient arraché son bonheur, il retrouvait sur ces côtes sablonneuses, plus sûres pensait-il, un autre danger qu'il n'aurait pu imaginer ! La Société des pêcheries de l'Océan perdait son deuxième chalutier, mais elle tiendrait le cap et remplacerait l'*Albatros*. Bien que ce naufrage n'eût affecté aucun membre de sa famille, ce fut pour Petit Manu un ultime coup du sort qui frappait la communauté de marins à laquelle il était viscéralement attaché. Insensible à toutes les paroles de réconfort qui l'entouraient, à Augusta qui le suppliait de réagir, il resta dans un état d'abattement et de tristesse qu'il était incapable de surmonter. Sans souffrances physiques, il s'écartait lentement de ce monde auquel il avait tant bataillé à se cramponner,

Animation le long des pêcheries. (Enfants Terribles, Arcachon.)

il vivait avec ceux qui n'étaient plus : son père, Victor, Andréa, Jules, Marie, Jeantou, Léon... jusqu'au jour où ses forces l'abandonnèrent pour partir les rejoindre.

Les deux maisons du bourg à La Teste se remplirent de tous ceux qui l'avaient aimé pour l'accompagner au petit cimetière. Reine soutenait Augusta, effondrée de douleur. Vingt années séparaient le grand frère Petit Manu de Gustave et Henri et tous deux associaient leur douleur tant fraternelle que filiale. L'ombre d'Andréa rôdait... Estelle pleurait les années de souffrances et de joies partagées qui s'étaient écoulées dans les deux maisons amies. Joseph pleurait un père exemplaire tandis que la jeune Marion, déjà veuve de marin, joignait dans son chagrin le père et Léon qui se ressemblaient tant. L'esprit de Pierri était tout entier avec Jeantou, vers son enfance et sa jeunesse dans ces deux maisons, celle de ses grands-parents, vide à présent, celle d'Andréa où il avait été choyé comme un fils. Emilienne le soutenait de tout son amour, étrangère à tous ces chagrins confondus. Quant à Loïc, il découvrait la famille de Reine et de Pierri, famille par le cœur, famille par le sang, unie dans la peine : la perte de celui qui, à vingt ans, avait remplacé le père disparu avec tout son courage et sa détermination.

Augusta rejoignit très vite le compagnon de toute sa vie qu'elle avait soutenu jusqu'au bout de ses forces, de ses forces qui la trahirent un jour, elle aussi, vaincue par l'âge et les deuils répétés. Son souvenir hanterait longtemps la forêt de son enfance, le long des sentiers moussus, dans l'or de ses genêts ou dans le délicat parfum de résine et de bruyères roses.

Le Pélican, *Dessin de Sahuqué, revue* Le Yatch, *1883. (Cliché Noël Gruet.)*

Halle d'expédition du poisson. (Collection particulière.)

Chapelle miraculeuse. (Archives municipales d'Arcachon.)

Stockage du charbon à terre. (Carte Marcel Delboy, collection Noël Gruet.)

Les pinasses des sardiniers repoussées jusqu'à l'Aiguillon.

On grille le poisson à Eyrac. (Archives municipales d'Arcachon.)

La confection des filets de pêche. (Enfants Terribles, Arcachon.)

Les somptueuses maisons de la ville d'hiver. (Collection Eliane Keller.)

« Les estrangeyres reprenaient leurs papotages... » *(Archives municipales d'Arcachon.)*

« Et les enfants leurs jeux de sable et d'eau... » *(Enfants Terribles, Arcachon.)*

Vieux bateaux de la marine à voiles transformés en parcs à charbon. (Enfants Terribles, Arcachon.)

Un nouveau siècle commençait. Reine avait vu disparaître toutes ces femmes de marins qui, avec l'expérience de l'âge, avaient été sa référence dans la volonté d'assumer leur rôle, quand les maris, trop souvent et trop longtemps absents, les laissaient, seules, chefs de la famille « à terre ». Loïc était entré dans sa vie tout simplement, avec sa tête dure de marin breton, qui prenait les réalités à bras-le-corps, et son cœur blessé, plein d'un amour qui ne demandait qu'à s'épancher à nouveau. Reine retrouvait de plus en plus en Pierri l'être sensible, délicat et rêveur de son père qu'elle avait adoré, mais Loïc y ajoutait la puissance de sa force tranquille et la certitude d'un soutien sans faille. Compagnon idéal d'un travail dur et dangereux, à chaque retour, Pierri savait que son cœur déborderait de joie en serrant Emilienne et leurs enfants, mais il savait aussi que Loïc et sa mère pouvaient maintenant partager le même bonheur que lui.

Dans sa découverte d'une région nouvelle, Loïc avait été stupéfait de trouver, tout près, au-delà d'Eyrac, un autre monde... Reine s'était aventurée dans Arcachon, plus forte avec la présence de Loïc à ses côtés. Au-delà de la jetée qui venait d'être reconstruite[54], de luxueuses maisons bordaient la plage, protégées de la marée par des perrés de pierre, des escaliers privés descendaient jusqu'au sable où des enfants en costume marin jouaient dans le sable doré. Au loin, le Grand Hôtel dominait avec ses trois étages. Une belle avenue menait du château Deganne à la gare où des fiacres attendaient les voyageurs sous les ombrages. Ils découvrirent, au-delà de la gare, sur les hauteurs, la splendide construction de style mauresque dont on leur avait parlé au milieu d'un parc aménagé de petites allées bordées de statues et de fontaines. S'aventurant encore, ils se perdirent dans un dédale de routes sinuant à travers la forêt, dans laquelle étaient édifiées des villas plus somptueuses les unes que les autres, où tourelles, clochetons, porches, balcons de croisillons de bois se mêlaient dans les styles les plus variés et les plus originaux. Plus loin, une place avec des palmiers et un kiosque à musique et, dans ce décor de rêve, circulaient des calèches conduites par des cochers en tenue menant une clientèle richement vêtue. Vers les plages, des gens étaient attablés aux terrasses des cafés, femmes en robes longues, capelines, ombrelles, tout un monde oisif qui sentait la richesse, le luxe, le loisir. Mal à l'aise, ils retrouvèrent avec soulagement l'activité des pêcheries, des filets qui séchaient, la rue des marins, les petites buvettes, les gosses qui jouaient dans la rue, les vieux sur le port, les fabriques de glace, récentes… ce quartier de l'Aiguillon qui était leur vie avec les sirènes des bateaux, celles des entreprises qui scandaient la reprise ou la fin du travail. Tout ici respirait l'activité fiévreuse des travailleurs de la mer. Deux mondes opposés et si proches, Loïc ne pouvait y croire !

Reine continuait à travailler aux pêcheries malgré les incitations de Loïc qui l'encourageait à cesser ses activités. Elle aimait cette atmosphère, se sentait soutenue par ses compagnes qui avaient vécu avec elle la mort de Jeantou. Son efficacité mise à l'épreuve et reconnue, elle avait acquis des responsabilités qui augmentaient son salaire, elle tenait à cette participation aux frais de la famille et à l'indépendance qu'elle lui apportait. Elle pouvait gâter un peu ses petits-enfants qui avaient agrandi le foyer de Pierri : Robert et Guillaume, deux petits bonshommes qui faisaient sa joie. Emilienne se révélait une bonne mère de famille. Quand les deux hommes étaient loin, elles partageaient souvent leurs soirées et les petits s'épanouissaient, elles prolongeaient les histoires que Pierri aimait leur raconter, elles s'efforçaient de compenser les longues absences, faisant taire leurs angoisses par une sollicitude pleine de bonne humeur dont Emilienne n'était pas dépourvue. On préparait le retour des marins par des chants, des comptines, dont les enfants raffolaient et qui comblaient de joie papa et « granpa » comme ils avaient surnommé Loïc.

Les Pêcheries de l'Océan avaient perdu leur monopole tout en poursuivant leur développement, une dizaine de chalutiers étant à leur actif à la fin du XIXe siècle. Dès 1896 et 1899, deux nouvelles pêcheries s'implantèrent à Arcachon : les Pêcheries Françaises avec des chalutiers construits à Nantes et la Société Normande venant du Havre. La Société des pêcheries du golfe de Gascogne s'implanta en 1900, suivie l'année suivante par la Société nouvelle des pêcheries à vapeur baptisée La Nouvelle. Cette dernière entreprise causa une petite révolution dans le milieu bourgeois arcachonnais, puisqu'elle acheta l'hôtel Legallais à Eyrac, qui dominait la petite mer de Buch depuis plus d'un demi-siècle, pionnier des idées de grandeur, de luxe et de loisir, qui avaient fait école dans la commune avec une rapidité foudroyante. Et l'on vit, curieusement, sa première réalisation, qui fut un splendide château d'eau alimenté à l'eau de mer pour laver le poisson !

Pierri et Valentin restaient fidèles aux Pêcheries de l'Océan. La glace ayant fait son apparition, elle permettait aux chalutiers d'en faire provision pour des pêches plus lointaines. Pierri s'embarqua un jour de la fin du siècle pour vivre le rêve que son père n'avait pas eu le temps de réaliser : partir jusqu'en Ecosse d'où venaient les premiers chalutiers ! Ce fut la plus longue séparation entre la mère et le fils, empreinte d'une grande émotion. Pierri découvrit l'Atlantique plus au nord avec sa succession de plages et de caps rocheux, la Bretagne, les côtes anglaises, les phares nombreux, repères de tous les navigateurs avec leurs codes particuliers à chacun, les sémaphores et leurs signaux d'information sur l'état de la mer, mais aussi des ports bien aménagés, capables d'un abri sûr si besoin était.

Quand le chalutier pénétra dans l'embouchure de la Clyde en Ecosse, remontant la rivière jusqu'à Greenock puis Glasgow, Pierri découvrit les chantiers navals qui avaient fait rêver son père, des deux côtés de l'estuaire, et resta bouche bée face à ces immenses complexes en plein essor. L'équipage fit une courte escale pour une visite de contrôle et pénétra dans l'envers du décor, univers implacable de fer, d'acier, où le travail inhumain évitait certes le chômage mais imposait des horaires démentiels pour satisfaire au rendement exigé par les patrons, qui semblait être le seul objectif. Des milliers d'ouvriers, masqués par des lunettes de protection, s'affairaient au milieu d'une forêt de grues, de montagnes d'acier et de filins, d'échafaudages, de carcasses métalliques démesurées, de scieries mécaniques qui découpaient l'acier, de forges gigantesques qui le faisaient fondre. Chacun travaillait ici dans l'anonymat, le bruit assourdissant des machines, la fumée et la poussière… Il remarqua aussi la puissance qui émanait de tous ces ouvriers tirant d'énormes filins d'acier dans de dangereux équilibres ou ployant sous de lourdes charges de poutres, tandis que des jets de vapeur brûlante fusaient en sifflant de gigantesques chaudières. Il ne connaissait pas le salaire qui leur était alloué mais il se disait qu'ils auraient pu exiger qu'il soit à l'égal de leurs souffrances.

Des alignements de petites maisons basses, toutes semblables, s'étendaient au-delà des chantiers, cités ouvrières, promiscuité épuisante où il devait être difficile de trouver le repos. Et, dominant ce monde de l'acier, la nature reprenait ses droits avec la bruyère mauve d'automne grimpant à l'assaut des collines avoisinantes. Quand, des années plus tard, il entendrait parler des grèves et des agitations ouvrières qui frapperaient les entreprises par-delà le monde, il penserait souvent aux chantiers navals de Greenock, comprenant les raisons de leurs revendications.

Ce premier voyage de dix-huit jours s'était effectué sans encombre, la pêche avait été excellente, et Pierri songeait déjà à des départs encore plus lointains.

Tandis que La Nouvelle continuait à s'installer à l'hôtel Legallais et que les Arcachonnais, chagrinés, voyaient le rez-de-chaussée de cet hôtel prestigieux envahi par les divers services de la pêcherie et la glacière à vapeur, une terrible

Chantiers navals à Glasgow. (Collection Simons Lobnitz, Ecosse.)

nouvelle, apporta une fois de plus le malheur dans la famille : le *Héron* sur lequel naviguaient toujours Valentin et son fils Jean qui avait embarqué avec lui, était perdu « corps et biens » au-delà de l'Espagne ! La malédiction poursuivait cette famille qui, soixante-six ans après *lou gran malhour*, voyait disparaître dans le même naufrage le père et le fils...

La *péougue* n'était plus en cause, les chaloupes avaient disparu d'une pêche qui se voulait plus lointaine et plus industrialisée, mais la mer, implacable, continuait son œuvre de mort quand sa colère se faisait terrible ! Mais on savait au moins où étaient les morts de la *péougue*... les passes maudites les gardaient, les uns après les autres ! Andréa avait vu les chaloupes disparaître depuis la plage océane dans la mer déchaînée ! On racontait encore dans les veillées la marche des femmes qui partaient à travers la forêt pour aller prier sur le haut des dunes dominant l'Océan pour leurs hommes qui y avaient péri. On se rappelait aussi dans la famille la messe célébrée sur la plage océane du Cap-Ferret, face au lieu de naufrage du père et du fils, qui avait apporté à Andréa tant de réconfort avant sa mort. Valentin et Jean, eux, avaient disparu, au-delà de l'Espagne, on ne saurait jamais où exactement ! Combien de femmes de marins, qui, leur homme parti au loin, n'avaient plus de repère...

Ce fut la désolation dans la petite maison où Louise et sa fille Hélène comptaient les jours en attendant un retour qui approchait ! Louise voulait tellement faire du premier retour de son fils un jour de joie auquel toute la

Chercheur à la Société scientifique d'Arcachon. (Enfants Terribles, Arcachon.)

famille aurait été associée ! Hélas, la robe noire des veuves réapparut et une grande tristesse s'abattit au sein de ce foyer heureux, jusque-là épargné par les caprices de la mer. Ernest, le père de Valentin et de Reine, très vieux, qui avait ensoleillé l'enfance de Jean et Hélène, très touché déjà par la perte de Petit Manu, ne résista pas longtemps à la mort de son fils et de son petit-fils et partit rejoindre sa femme au petit cimetière de Mestras. Reine était assommée de chagrin. Loïc se révéla le compagnon solide et tendre sur lequel elle put se reposer, face à tous les problèmes qu'entraînaient ces disparitions. Sur la tombe, le curé bénit la famille Mora qu'il connaissait de longue date et les paroles d'apaisement qu'il prononça s'adressèrent tant aux anciens qui gisaient là qu'au fils et au petit-fils perdus, au loin, au-delà... Pierri était en mer...

On ferma la maison de Mestras, mais Loïc avait su dire à la femme, à la fille, à la sœur, que cette maison vivrait à nouveau, qu'il la réparerait et l'entretiendrait, et qu'elle resterait le lien de toute la famille où enfants et petits-enfants des générations futures se retrouveraient toujours. Gustave promit qu'il aiderait Loïc et que, de toute façon, il serait là pour y faire entrer le soleil. Ces notes d'espoir apportèrent à tous un peu de baume au cœur dans leur chagrin.

Ce retour aux sources de la famille Mora, dont le patronyme venait de s'éteindre, permit à Loïc de découvrir les ports pleins de charme de la petite mer de Buch, au-delà de l'Aiguillon. Reine fut surprise de leur extraordinaire développement depuis sa dernière venue. La croix du Christ dominait la longue jetée qu'elle avait vue construire. L'activité s'était développée, les premières conserveries s'étaient agrandies, d'autres avaient été créées : la Sardinerie française, La Bretonne. Les cabanes des ostréiculteurs s'alignaient en rangs serrés de chaque côté des darses des ports. La pinasse à moteur avait fait son apparition et les chantiers de constructions navales, à Larros en particulier, façonnaient à présent des sardiniers qui pouvaient porter une dizaine de petits canots qui se dispersaient, au-delà des passes, pour la pêche en mer.

Loïc reconnut avec émotion les coiffes des femmes bretonnes. Il s'était longuement entretenu avec elles et avait appris que les pêcheurs avaient suivi la migration des sardines vers le golfe de Gascogne, puis la petite mer de Buch. Les familles s'étaient installées là et vivaient bien. Les hommes en mer, les femmes aux conserveries où l'emploi ne manquait pas, ils avaient fui le chômage et la misère et ne s'en plaignaient pas. Ils avaient été bien accueillis.

L'huître et la sardine faisaient la richesse de ces petits ports en ce siècle nouveau. Les deux activités cohabitaient harmonieusement : à marée haute, les chalands à voiles, nombreux encore, qui rentraient des parcs à huîtres, saluaient amicalement les sardiniers débordant de poissons argentés. Les marins-pêcheurs de ces diverses sociétés se serraient les coudes. Les compagnies les faisaient vivre, c'est vrai, mais le travail était dur ! Les installations étaient toujours précaires et on espérait de plus en plus des quais et des équipements qui auraient grandement facilité le travail des hommes au moment de l'avitaillement des bateaux et du débarquement du poisson.

Las de voir tant de marins ayant donné leur vie pour les compagnies, ils décidèrent de créer un syndicat pour défendre leurs droits, si cela s'avérait nécessaire. Reine et Loïc, considérés et respectés par leurs compagnons qui jugeaient la perte de leurs marins comme un lourd tribut payé aux sociétés de pêche, encouragèrent vivement la création de ce syndicat, le premier dans cette communauté.

Aussi, lorsqu'en 1900 les rémunérations de la Normande se révélèrent inférieures à celles des autres compagnies, les chauffeurs, les soutiers et les marins inscrits de toutes les compagnies se mirent en grève et quittèrent leurs bords. Les discussions se faisaient au café du port à Saint-Ferdinand et les délibérations à la mairie d'Arcachon durèrent quatre jours. Il faut dire que, cette même année, beaucoup de grèves se déclarèrent dans de nombreux ports français, marins et ouvriers maritimes réclamant la plupart du temps des augmentations de salaires. Ces quatre jours de difficiles délibérations auxquelles participa monsieur Veyrier-Montagnère, maire d'Arcachon, aboutirent à une entente et la grève cessa. Loïc fut un délégué objectif et sérieux. Quant à Reine, elle soutenait les femmes des marins terrorisées, qui vivaient encore dans les souvenirs du Second Empire où les grèves étaient interdites et les grévistes condamnés par les tribunaux. Elle s'employa à les rassurer, à les persuader que c'était à présent un droit acquis[55] et qu'elles devaient être les premières à soutenir leur mari. La première grève à Arcachon fut donc très unitaire, sans heurt ni violence, et le maire d'Arcachon offrit même l'apéritif aux 150 syndiqués présents à la mairie !

Les naufrages étaient terribles, ils bouleversaient les vies des familles mais celles-ci devaient continuer, se réorganiser. Une souscription fut lancée pour les veuves et les enfants du *Héron* et la Société accorda une aide d'urgence, la dure loi des disparus en mer étant appliquée pour le *Héron* comme pour le *Pélican*. Louise fut reprise aux fabriques de filets. Hélène, qui avait continué ses classes après le certificat d'études dans les premiers cours complémentaires qui faisaient suite à l'obtention du diplôme, avait des connaissances suffisantes pour être prise comme secrétaire dans les bureaux de La Nouvelle installée à l'hôtel Legallais.

La première préoccupation de cette Société fut de régler au mieux les deux problèmes majeurs qui rendaient le travail des hommes si pénible : les manutentions des poissons et l'avitaillement des bateaux en charbon et en glace avant leur départ. Le quartier de l'Aiguillon, admiratif, vit s'édifier une passerelle de 175 mètres de long, dotée de deux appontements pour l'accotement des chalutiers mais aussi pour les voiliers et cargos qui approvisionnaient en charbon ! La grande nouveauté fut l'installation sur la passerelle d'une double voie ferrée qui, grâce à un filin d'acier qui courait de chaque côté, permettait d'entraîner à la fois et automatiquement les chariots qui amenaient le poisson à la pêcherie et les wagonnets en tôle qui, en sens inverse, amenaient le charbon et la glace pilée aux chalutiers, déchargeant et avitaillant le bateau en même temps ! Finies les lourdes charges de poissons poussées à la force des bras, finis les allers-retours incessants des hommes, suant, noirs de poussière, pour le transport du charbon ! L'emplacement de l'ancien casino d'Eyrac fut utilisé comme parc à charbon à terre… Les mânes des ancêtres du casino durent terriblement en souffrir !

Les embauches se firent nombreuses, les marins voyaient des promesses de travail, une activité intense régnait entre la pointe de l'Aiguillon et Eyrac où étaient concentrées toutes les activités des pêcheries.

Pierri et Loïc, malgré leur immense peine, se refusaient à considérer les pertes cruelles des marins de la famille comme des obstacles à aller plus loin, toujours plus loin… la mer chevillée au corps !

Reine et Emilienne, ayant appris à réfréner leurs peurs, ne voulaient pas les empêcher de réaliser leurs rêves, mêmes les plus fous ! La Société Nouvelle s'apprêtait en effet à équiper quelques-uns de ses chalutiers pour la pêche à la morue à Terre-Neuve. C'était pour ces marins l'inconnu le plus total, avec des mois et des mois de séparation et sans nouvelles ! Volontaires pour ces expéditions dans les mers glacées, Pierri et Loïc quittèrent les Pêcheries de l'Océan pour s'engager à La Nouvelle. Le patron appréciait ces marins dont il avait besoin, prêts à faire face à tous les dangers et à toutes les incertitudes. Avant

d'entreprendre à son compte la grande aventure des chalutiers à Terre-Neuve, La Nouvelle, cependant, aurait bien voulu faire un premier essai. Aussi eut-elle l'idée de louer à un armateur de la Manche un chalutier, la *Jeanne*, celui-ci voulant tenter un essai de pêche à Terre-Neuve. Loïc et Pierri, avertis, étaient prêts tous deux à tenter l'aventure. Mais la générosité de Loïc et la tendresse dont il entourait Reine eurent raison de la fougue de Pierri :
- Ce n'est qu'un essai, ce chalutier n'est pas spécialement conçu pour cette pêche, on ne peut en deviner les suites. Reste auprès d'Emilienne et des enfants. Laisse-moi partir seul, n'inflige pas à ta mère le tourment de nos deux départs. Elle a beaucoup souffert déjà.
- Pourquoi partir toi-même ?
- J'ai l'habitude de faire face à toutes les situations. Tu es le premier à reconnaître les services que j'ai pu rendre dans des moments pénibles de nos pêches communes. Je dois y aller, ils ont besoin de moi. Et puis, s'il devait m'arriver quelque chose, Reine aura toujours son « petit ». Reste auprès d'elle, Pierri, elle a besoin de toi...
- De toute façon, je pense que cet essai réussira... nous aurons alors des chalutiers conçus pour la grande pêche et nous pourrons partir ensemble.

Ils se serrèrent la main avec beaucoup d'émotion. Reine ne connut jamais la discussion qu'avaient eue les deux hommes. En ce début d'année 1904, une animation inaccoutumée régnait sur le ponton de La Nouvelle : la *Jeanne*, le petit chalutier de la Manche, préparait son départ pour Terre-Neuve. Le capitaine avait bien fait ses calculs en prévision de la quantité de charbon à emporter. Hélas ! Les soutes réservées au combustible étant insuffisantes, les cales à poissons furent remplies, elles aussi, de briquettes, Loïc et ses compagnons en arrimèrent encore le plus possible sur le pont ! La *Jeanne* s'ébranla, les coups de sirène saluèrent ce premier départ pour Terre-Neuve, sur un bateau qui devait naviguer de longs mois, sans être armé spécialement pour cette pêche, dans l'incertitude de la réussite, sans radio à bord évidemment... La *Jeanne* disparaissait peu à peu vers les passes, Reine ne retenait plus ses larmes, soutenue dans les bras solides de Pierri.

Quelques mois plus tard, un cargo rapatriait les tonnes de morues pêchées et on apprit que la *Jeanne* était sur la route du retour, que les bancs de morues à Terre-Neuve avaient rempli rapidement les cales du bateau, qu'il n'y avait eu aucun incident à déplorer. Seul le capitaine, soucieux de la quantité de charbon embarquée, fit quand même, à l'aller, une escale non prévue aux Açores, afin de compléter son combustible !

Le bonheur présida aux retrouvailles de Loïc dans la famille après des mois d'incertitude, de doutes et d'espérance. Tout le monde se retrouva dans la petite maison de Mestras où quelques travaux, selon le désir de Loïc, commençaient à s'effectuer. La nouvelle génération de La Teste et de Gujan se trouva réunie et tous les cousins firent revivre les vieux murs par leur jeunesse et leur gaieté. Estelle et Charles étaient morts et leurs petits-enfants, déjà, avaient fondé famille mais le nom des Broustau, au fil des alliances, avait disparu. Gustave avait perdu sa femme Léonie d'une « mauvaise grippe » comme on disait alors. Il vieillissait, sa succession dans l'ostréiculture était assurée par son gendre et son fils, qui avaient agrandi la surface des concessions tant à La Teste qu'à Gujan. Son fils Bernard s'était fixé à Arcachon comme il le laissait prévoir. Passionné de yachting, il y tenait un commerce de voiles et avait deux jolies filles, Eléonore et Charline, qui ne déparaient pas dans la jeune société bourgeoise arcachonnaise. A La Teste, la famille Dupouy persévérait dans l'ostréiculture avec les gendres de Joseph et Antou, ainsi que leur fils Yves. Le nom des Dupouy était bien enraciné à La Teste avec leurs cinq petits-enfants. Marion, la veuve de Léon, remariée avec un Breton, était partie en Bretagne avec lui et son fils Jacques. Un petit Yannick vint rapidement élargir la famille ; quelque temps plus tard, on le vit caboter avec Jacques le long des côtes de granit.

Gustave s'acheminait vers ses soixante-quinze ans. Très ému, son regard se portait avec fierté et nostalgie vers cette belle jeunesse dans laquelle il retrouvait, au hasard, quelques traits d'Andréa, le sourire de Marie, la démarche de Jules, les yeux clairs d'Augusta ou la délicatesse de Jeantou. Valentin et Jean étaient encore dans tous les esprits (deux ans seulement les séparaient du drame), mais Reine, Loïc, Pierri et Emilienne voulaient être, ce jour-là, tout au bonheur des retrouvailles familiales. Guillaume et Robert, les plus jeunes de la bande des cousins, faisaient l'objet de toutes les sollicitudes. Ils étaient fiers de l'exploit de leur « granpa » et le manifestaient bruyamment. Ce fut une belle journée ensoleillée, chaleureuse et pleine de promesses, avec la présence d'Auguste Rousseau, très épris d'Hélène qui avait tenu à les accompagner.

Loïc et Pierri furent très surpris et heureux à la fois, de recon-naître cet homme encore jeune qui avait partagé, sur le *Courlis*, une de leur campagne de pêche. Ils avaient sympathisé et beaucoup échangé leurs connaissances au cours de cette expédition. Auguste était un chercheur pas-sionné d'*aquiculture*[56] marine. Il travaillait à la Société scientifique d'Arcachon, qui avait été créée en 1863 par l'abbé Xavier Mouls et qui avait grandement évolué. Monsieur Johnston, le patron des Pêcheries de l'Océan, en avait été un membre important et il avait décidé, pour aider les chercheurs qui venaient de plus en plus nombreux, que *« tout travailleur inscrit au laboratoire pouvait obtenir l'autorisation d'assister à la grande pêche au chalut sur un de ses bateaux »*. Pierri avait particulièrement apprécié les découvertes de plantes et animaux des fonds marins qui voisinaient avec le poisson à la remontée du chalut et sur lesquels Auguste se penchait avec le plus grand intérêt. Pierri avait renoué avec ses connaissances en biologie acquises à Saint-Elme. Puis la pêche s'était terminée, Auguste ramenait une quantité impressionnante de fioles remplies d'eau de mer où une faune étrange évoluait. Des promesses de se revoir avaient été évoquées, mais les rencontres étaient restées très épisodiques. Tous les cousins et cousines firent un accueil chaleureux à Auguste, un peu perdu dans les rapports familiaux qui existaient entre eux, mais dont il ne retint, ce jour-là, que la force des liens qui les unissait tous. Hélène et Auguste savouraient leur bonheur. La famille savait se retrouver pour partager les grandes peines de la vie mais ne laissait pas échapper les moments de bonheur que cette même vie pouvait apporter, aussi, quelquefois…

Deux années après la conclusion heureuse de la campagne de pêche de la *Jeanne* à Terre-Neuve, La Nouvelle était bien décidée à armer des chalutiers pour la grande pêche à la morue dans les mers glacées de l'Atlantique nord. Deux chalutiers étaient prêts à partir, parfaitement équipés cette fois : le *Sacha* et le *Jeannette*. Confortée par le succès de la *Jeanne*, Reine envisagea un peu plus sereinement le départ de Pierri et Loïc, prêts cette fois à tenter la grande aventure ensemble. Loïc, du reste, considérait ce départ comme le dernier. La soixantaine bien sonnée, il envisageait au retour une retraite très douce avec Reine, dans la maison de Mestras, aménagée à cet effet, comme il l'avait promis. Reine se raccrochait à ce futur paisible comme à un havre de fin de vie où enfants et petits-enfants viendraient éclairer leurs vieux jours… Mais elle se nourrissait aussi des récits de Loïc au retour de la *Jeanne*. Elle savait que lorsqu'ils auraient quitté le petit monde des pêcheurs le long des côtes, dans quelques jours, il n'y aurait plus sur la mer que le bateau et ses hommes. Il racontait si bien ce sentiment de liberté, de solitude sur la mer. Il racontait aussi comment ils roulaient avec les vagues, portés, soulevés, avec le vent de plus en plus glacé qui fouettait le visage, la fumée refoulée qui vous enveloppait, le premier iceberg aperçu au large, le ciel glacé si pur, le chalut qui freinait la marche du bateau, les oiseaux de mer par milliers qui vous accompagnaient, et puis les morues qui jaillissaient de la gueule du chalut, les hommes qui tuaient, vidaient, taillaient, salaient… A ces récits se substituait soudain son angoisse à elle, la femme qui ne connaîtrait jamais tout cela, qui se contenterait d'imaginer, d'attendre et de compter les mois et enfin les jours.

En cette soirée de 1907, les sacs des marins sont prêts. Le *Sacha* appareille demain matin pour le grand départ. Les soutes sont pleines de charbon, de sel, de glace pilée. Le cuistot a rempli sa cambuse de bidons d'huile, de sacs de riz, de farine… A la maison, Reine et Emilienne ont préparé le repas du soir. Louise, Hélène et Auguste viendront le partager. Tandis que Pierri arrive avec ses fils, que Loïc prend place auprès de Reine et que, maintenant, la famille au complet est réunie autour de la table où trône la grosse soupière fumante, pourquoi ne pas évoquer ce jeune poète[57] qui soignait sa phtisie à la villa Régina de l'allée des Dunes dans la ville d'hiver et qui, un soir, a écrit ce poème intitulé *Le Repas des adieux* ?

Dans la salle aux plafonds fumeux, aux murs unis
A la table de chêne, ils sont réunis :
Les mères et l'aïeule au front couvert de rides.
Les hommes, les enfants... Quelques places sont vides,
Celles des gars restés au fond des flots, là-bas !
Ce n'est point un bruyant et copieux repas
Où, parmi les éclats de rires, on s'abreuve ;
Car demain les bateaux partent pour Terre-Neuve,
Et les fronts inclinés se plissent, soucieux.
Cependant le repas s'achève et le plus vieux
Des hommes, loup de mer desséché par le hâle,
Boit à la bonne pêche, au bon voyage, au jour
Où sur l'horizon gris, les voiles, tour à tour,
A nouveau pointeront... Mais au fond de son être,
Chacun secrètement ajoute un mot : peut-être !
Alors, songeant combien fragile est le destin
De l'homme aventuré sur le flot incertain,
Tous se taisent, émus... Et souveraine, immense,
La rumeur de la mer emplit le lourd silence.

A quoi pensaient ces 27 hommes enrôlés dans la même galère qui se pressaient, le lendemain matin, dans la fièvre du départ, sur le pont du *Sacha*, prêt à appareiller ? A l'appel de la mer auquel ils ne résistaient pas... au contrat de travail qu'ils avaient signé avec elle contre vents et marées ? Du jeune novice en sabots, aux barbus, aux moustachus, casquettes ou bérets durcis de sel sur la tête, tout entiers à leurs ultimes tâches, avaient-ils seulement le temps de penser à ce qui les attendait, à ceux qu'ils laissaient ? La sirène qui résonna de toute sa puissance, couvrant le bruit des machines en marche les fit s'accouder sur le bord du bateau, tandis que, sur les pontons, les mouchoirs s'agitaient, des larmes glissaient le long des joues, vaillamment contenues. Les femmes serraient les enfants contre elles, les hommes agitaient les mains, serrant bien fort des petits bouquets de bruyère, ultimes cadeaux des mères et des épouses qui sècheraient sur leur minuscule couchette, petits effluves de leur forêt avant de sombrer dans le sommeil, recrus de fatigue...

Six mois plus tard, le *Sacha* franchit les passes, salua d'un coup de sirène la croix des marins pour remercier la Madone et glissa lentement vers les pontons de La Nouvelle où les sourires étaient revenus. Hirsutes, barbus, les visages cuits de soleil et de vent, d'aucuns se pressaient sur la passerelle du château[58], d'autres s'accoudaient aux rebords du bateau agitant le béret. Sur les pontons, les visages éclataient de bonheur : ils étaient revenus, tous, aucun ne manquait à l'appel ! Les mères serraient le novice et le jeune mousse, le regard encore lointain, caressant les mains calleuses, les cheveux blondis, le visage tanné, la barbe duveteuse… grandis, forcis, des hommes à présent ! Robert et Guillaume se disputaient papa et « granpa », tandis que Reine et Emilienne attendaient de se fondre dans les bras durcis de leurs hommes méconnaissables !

Un peu perdus dans la vie retrouvée, la vie de tous les jours, l'esprit encore dans les terres lointaines, peu à peu, avec toute la patience des femmes attentives et aimantes, ils reprenaient pied. Dans les yeux, une lueur nouvelle resterait longtemps. Le reflet de l'inconnu découvert, le reflet de tant et tant de vagues qui les avaient portés, la redécouverte d'une terre ferme sous leurs pieds, peut-être un « mal de terre » qui serait long à disparaître. Et puis ils posaient des questions, ils voulaient tout savoir, ils apprenaient les nouvelles du quartier, du port… les grands événements de leur absence : l'incendie du Grand Hôtel[59] à Arcachon, impressionnant, le rougeoiement du feu et le grondement des flammes, cet hôtel de luxe qui n'était plus que des murs aux trous béants où s'engouffraient les mouettes… la construction récente de la route en bord de mer entre Eyrac et la nouvelle jetée d'Arcachon. Ils écoutaient les nouvelles plaisantes que le facteur rapportait au bistrot régulièrement : le coup de sirène spécial des gendarmes sur le *Courrier du Cap*[60], pour prévenir les braconniers de la sole et de la *loubine* à l'entrée du Bassin ! Le duel[61] entre le maire de La Teste et celui d'Arcachon, une misère… Et chacun y allait de son commentaire, les rires fusaient, bienfaisants pour tous !

A nouveau, jeunes et vieux avaient fêté en famille ce grand retour, on avait balayé les angoisses des mois passés et regardé l'avenir avec confiance. La grande aventure avait réussi ! Des fleurs poussaient devant la petite maison de Mestras, un banc de bois avait été construit par les enfants pour des soirées paisibles, face au Bassin. L'expérience acquise par Pierri lui avait permis d'être nommé sous-patron d'un chalutier et il fit deux ou trois campagnes de huit jours environ vers l'Espagne et le Maroc.

Mais le repos de Loïc fut de courte durée. En 1908, le *Vénus*, chalutier neuf acheté en Angleterre, s'échoua sur le littoral nord du Bassin ! Il fallait le renflouer. Grosse entreprise ! L'habileté de Loïc et sa maîtrise de toutes les situations le firent choisir par le maître charpentier de La Nouvelle. Il partit avec les hommes, près de Lacanau, et ils montèrent une petite baraque sur la plage car le travail s'avérait long ! La pelle seule creusait le sable pour introduire l'énorme cale de lancement ! Un travail de titan pour un chalutier qui devait bien faire dans les 250 tonnes ! Après d'âpres discussions, l'idée émise par Loïc fut finalement adoptée : il fallait enlever la chaudière pour alléger le bateau, ce qui fut fait au prix de mille diffi-cultés. Bientôt, un défilé cocasse, dont on parlerait longtemps dans les pêche-ries de la côte, pénétra dans la petite mer de Buch : le chalutier qui l'avait sauvé remorquant le *Vénus*, remorquant lui-même sa propre chaudière… Nos grues et nos bulldozers étaient encore dans l'imaginaire des créateurs.

Robert et Guillaume étaient arrivés à l'âge du service militaire et eurent la chance de profiter de la nouvelle loi de 1905 qui le portait à deux ans au lieu de trois depuis 1889. Cette même année 1908, un autre événement dramatique secoua encore le monde des pêcheries et angoissa à nouveau les familles des marins-pêcheurs. On apprit que les 19 marins de la *Baleine* étaient prisonniers des Maures, au Maroc, et que ces derniers avaient pillé le bateau qui s'était malencontreusement drossé sur les rochers et faisait eau de toute part. Des tribus dissidentes du gouvernement marocain circulaient dans ce pays encore « primitif » et il était difficile de traiter avec elles. Les familles, à Arcachon, soulagées quand même de les savoir vivants, imaginèrent pour eux les pires traitements que ces « sauvages », cannibales sans doute, allaient leur infliger ! Jusqu'au jour où on les informa que, après de nombreuses démarches auprès du ministère de la Marine et des Affaires étrangères, un croiseur anglais partait de Tanger pour les délivrer. Pointant ses canons sur les fortins des Maures, l'intimidation suffit et nos malheureux marins furent ainsi délivrés. On les réconforta sur le croiseur, on les revêtit de l'uniforme de la Marine nationale, on les amena à Marseille où ils prirent le train qui les ramena dans leurs foyers accueillis en héros. Un ex-voto fut déposé à l'église de Gujan en reconnaissance à saint Joseph pour les avoir sauvés. Pourquoi saint Joseph ? Le mystère demeure encore entier.

Une fiévreuse activité régnait à cette époque dans ce quartier de l'Aiguillon, Arcachon étant devenu, en 1910, le second port de pêche en France, grâce à ces sociétés plus ingénieuses les unes que les autres qui se construisaient, pour survivre, leurs propres jetées, appontements, stockages, glacières… sans recueillir beaucoup l'intérêt d'une municipalité qui semblait avoir d'autres préoccupations. Au-delà d'Eyrac, fêtes, réjouissances, réceptions se multipliaient et les belles demeures croissaient, dans les styles les plus divers, souvent inspirés de l'empire colonial et des trésors architecturaux que l'on y découvrait. Les soirées au casino mauresque battaient leur plein. Une visite importante eut lieu à Arcachon aux environs de 1906 : le commandant Charcot venait exposer les motifs de son expédition française en Antarctique. Cette conférence se tenait au Grand Hôtel. L'*Avenir d'Arcachon*[62] en fit un brillant compte rendu. Pour la première fois, des projections de l'expédition par un procédé innovant enthousiasmèrent l'assemblée de médecins et de notables. Le journaliste, toutefois, termina son article par cette précision : *« Notons avec aigreur que l'heure de la conférence et son caractère privé n'ont pas fait de cette soirée une réunion populaire pour nos pêcheurs et nos marins. Que la municipalité actuelle et le président de la Société océanique de Bordeaux conservent de cette juste critique la responsabilité. »*

Le quartier de l'Aiguillon, lui, développait ses commerces, ses maisons modestes au service du petit peuple des marins avec leurs pauvres moyens… Mais ce petit peuple essayait de profiter au mieux de la richesse voisine. Et l'on voyait, par exemple, la boulangère de La Teste s'installer avec son grand panier plein de petits pains à l'anis à l'entrée du marché d'Arcachon, à la sortie de la messe à Notre-Dame ou au départ des trains à la gare. Des marins n'hésitaient pas, dans leurs heures creuses, à transformer leur pinasse en bateau de promenade pour les *estrangers*. De même, les jeunes fils des pêcheurs promenaient les fils de ces mêmes *estrangers*, du même âge souvent, sur des petits ânes, le long de la plage ! La femme de Pierri, Emilienne, avait vu ses parents disparaître, mais son jeune frère avait repris la boutique qui était devenue une épicerie-mercerie plus avenante, où les clients se pressaient. Il vivait de ce commerce avec sa petite famille. Hélène et Auguste, quant à eux, s'étaient mariés en 1904. Hélène avait laissé son travail de secrétaire pour élever une famille qui commençait à s'agrandir avec un petit Michel et une belle Louison, qui perpétuaient le souvenir de Valentin et de Jean encore si présents ! Auguste s'imposait à la Société scientifique et guidait à son tour les jeunes chercheurs au laboratoire, au musée, à l'aquarium ou à la bibliothèque. Pierri, dans les périodes creuses de la pêche, en était un habitué fidèle et accompagnait Auguste, quand il le pouvait, sur le grand canot à voiles, l'*Amphyoxus*, offert par l'Association scientifique de France pour l'exploration du Bassin.

Loïc, après son exploit du renflouement du *Vénus*, avait réalisé le rêve qui germait depuis longtemps dans sa tête : faire découvrir la Bretagne à Reine en revenant pour quelques jours sur les lieux de son enfance. Ce fut pour la famille un événement et pour Reine une extraordinaire ouverture : son premier voyage dans un paysage maritime tellement différent de son Bassin natal ! Elle ne se lassait pas d'admirer ces côtes sauvages, pleines de récifs contre lesquels la mer battait furieusement. Mais aussi, elle découvrit pour la première fois, dans les anses naturelles bien protégées de la mer impétueuse, des ports, de vrais ports aux quais solides, où les bateaux étaient fermement ancrés. Les hommes déchargeaient les caisses de poissons dans des criées toutes proches. Le travail des hommes à terre était grandement facilité par des infrastructures appropriées, le rêve de tous les marins d'Arcachon ! Elle aimait tous ces petits villages côtiers où la pêche dictait sa loi, où les rues étroites aboutissaient au port, le point d'ancrage de toute une population qui en vivait ! L'accent rude de Loïc se répétait à l'envi, ici, elle retrouvait dans tous ces visages burinés qui respiraient l'énergie et la rigueur, l'émoi qui l'avait saisie lors de leur première rencontre, elle réalisait qu'il était un vrai Breton de souche ! Les coiffes des Bretonnes, plus fines et délicates les unes que les autres, étaient pour elle un enchantement qui amusait Loïc. Elle prenait plaisir à bavarder avec les femmes des marins, elle retrouvait dans leurs paroles ces mêmes soucis de chefs de famille, trop souvent ces mêmes angoisses durant les tempêtes qui devaient être terribles ici, où, nuit et jour , se faisait entendre le puissant grondement du ressac sur le môle du port. Loïc lui fit rencontrer les « *pen sardines*[63] », toutes ces femmes alignées devant de longues tables dans les conserveries, étêtant, vidant les sardines, dans une cadence infernale sous l'œil du contremaître qui maintenait le rythme de ces travaux répétitifs, longs, épuisants. Elle les soutenait de tout son cœur, elle avait connu cela à la halle d'expédition à Arcachon mais combien plus difficile et inhumain était ce travail à la chaîne qu'elle découvrait. Très émue, elle fit connaissance du village natal de Loïc semblable à tous ceux de la côte, là où il avait grandi, puis aimé, puis tellement souffert. Ils revinrent à leur petit havre de Mestras plus unis encore, peut-être parce que chacun, à présent, connaissait les racines de l'autre.

La seconde décennie du nouveau siècle s'amorçait. Guillaume était revenu du service militaire. Il coulait dans ses veines « le sang de la mer » de son père et de son grand-père, cette passion dont il connaissait les dangers, bien sûr, mais aussi toute la noblesse qui prévalait pour lui, bien au-delà des risques encourus. Fier du succès de la campagne de son père et de « granpa » sur le *Sacha*, il embarqua comme matelot sur le *Ronqual*, qui était considéré comme le chalutier le plus grand et le plus perfectionné ! La TSF[64] à bord fut une révolution technologique. On pouvait enfin communiquer rapidement avec les stations terrestres et toute la famille le vit partir avec beaucoup moins d'angoisse au cœur. Sa volonté et sa force physique lui donnaient l'énergie d'assumer, au rythme des quarts, ce travail très dur que la nuit n'interrompait pas, les lampes à acétylène remplaçant la lumière du jour. Son retour quelques mois plus tard fut accueilli avec un profond soulagement. Mais Reine pensait bien que, avec trois marins dans la famille à présent, l'angoisse pour les siens ne la quitterait jamais ! Elle profitait le plus possible de son second petit-fils, Robert, nullement passionné par la navigation, mais fasciné par la construction de tous ces bateaux de bois fabriqués dans des chantiers de plus en plus performants d'où sortaient non seulement des bateaux de pêche mais aussi des vedettes coloniales (les expéditions vers l'étranger étaient courantes), des pinasses. Il trouva à s'embaucher dans le chantier Bossuet à la pointe de l'Aiguillon, puis décida de remettre en état, pour y vivre, la maison du bourg de La Teste, celle de ses arrière-grands-parents Jules et Marie Castaing, au grand bonheur de Joseph, Antou, leurs enfants et petits-enfants, gardiens de la maison Dupouy. Les deux maisons voisines, témoins d'un passé lointain, qui avaient connu tant d'amitiés et vécu tant de drames, étaient réunies à nouveau. Robert se maria dès 1912 avec Paule et une petite Mélanie vit le jour l'année suivante.

A Arcachon, cette décennie naissante commençait mal. Après l'aventure de la *Baleine*, c'est le *Marsouin* de La Nouvelle qui fut perdu corps et biens, ainsi que le *Béluga* des Pêcheries de Gascogne près de Terre-Neuve. Dès 1911, la faillite retentissante de ces pêcheries, qui faisaient vivre tant de marins sur leurs chalutiers, porta un coup terrible à la communauté maritime de l'Aiguillon. Les marins de tous ces bateaux immobilisés se trouvèrent brusquement sans travail. Les femmes furent admirables dans la solidarité et l'entraide. Reine revint à la maison d'Arcachon pour les aider à récolter vêtements, nourriture, organiser des soupes populaires et des repas chauds. Il fallait procéder à la dispersion de tous ces équipages afin que les marins reprennent leur travail avec d'autres sociétés, ce qui demanda beaucoup de temps. La municipalité d'Arcachon s'émut de cette situation catastrophique et le maire fit un geste apprécié par tous : il remit à l'Inscription maritime la totalité des salaires dus aux équipages pour permettre aux patrons, mécaniciens et matelots de subsister jusqu'à la dispersion des chalutiers.

La femme de ce dernier, à la pouponnière sur le boulevard Deganne, fit servir pendant plus de trois mois soupe et repas aux marins chômeurs. Les chalutiers furent dispersés. Quelques-uns furent achetés ou mis en gérance par La Nouvelle ou les Pêcheries de l'Océan, d'autres partirent plus loin et obligèrent quelques familles à quitter Arcachon. Le travail reprit peu à peu, mais il régna durant quelques années encore une agitation dans le monde maritime. Reine et Loïc revinrent souvent à Arcachon pour soutenir des revendications toujours justifiées. Guillaume n'hésita pas à se joindre aux inscrits maritimes qui cessèrent le travail pour quelques jours. Cette fois, le maire d'Arcachon n'offrit pas l'apéritif aux grévistes mais on parla plutôt de gendarmes qui soulevèrent la colère dans le quartier en effervescence ! Malheureusement, pour la première fois depuis cinquante ans, depuis l'apparition des premières pêcheries où une cohabitation raisonnable avait régné entre les patrons et les équipages, quelques licenciements définitifs gâchèrent cette unité et plongèrent quelques familles dans des difficultés énormes : on eut bien besoin encore de la solidarité de la grande famille de la mer.

Pierri avait eu l'occasion en ces journées agitées, qu'il avait partagées quelquefois avec Guillaume, de remarquer la présence d'une jeune Virginie à ses côtés et il comprit que ces deux jeunes gens n'étaient pas indifférents l'un à l'autre. En père soucieux du bonheur de ses enfants, il chercha discrètement à avoir quelques renseignements sur la jeune personne… Il découvrit que ses parents tenaient un commerce de tissus au-delà d'Eyrac et faisaient partie de ces premières familles d'*estrangers* qui s'étaient définitivement fixées à Arcachon. En ce début du XXe siècle où l'accès des femmes à l'éducation devenait une réalité, où le clergé perdait peu à peu de son influence, ses parents avaient pu l'envoyer à Bordeaux faire des études d'infirmière pour satisfaire ses goûts. Son diplôme en main, elle avait trouvé à s'employer dans une des cliniques d'Arcachon où, peu à peu, les civils remplaçaient les religieuses. Pierri et surtout sa femme furent très étonnés de savoir que leur fils allait peut-être entrer dans ce milieu bourgeois qu'ils ne fréquentaient pas. Mais Pierri, se souvenant des bons camarades de ce milieu-là qu'il avait côtoyés à Saint-Elme et qui savait combien ces échanges avaient été importants pour lui, se dit que c'était peut-être une chance d'ouverture entre ces « deux mondes » d'Arcachon que tout opposait et que, peut-être, leurs enfants contribueraient à une compréhension mutuelle. Mais Emilienne acceptait mal de voir cette idylle se fortifier au fil des jours, entre son fils et cette jeune fille qui affichait une tenue et des idées trop modernes à son goût.

L'année 1914 débuta mal. Au mois de janvier, le chalutier *Marguerite Marie* des Pêcheries de l'Océan disparaissait en Méditerranée. La nouvelle du sinistre provoqua un gros émoi à l'Aiguillon où vivaient neuf naufragés. Une messe fut célébrée à Saint-Ferdinand en présence de tout le personnel des Pêcheries, les représentants de la municipalité et l'administration de l'Inscription maritime. Les maudites passes réservèrent encore de bien mauvaises surprises au printemps. Guillaume fut, à plusieurs reprises, réquisitionné par La Nouvelle pour porter secours à des sardiniers en perdition, dans des conditions telles que les chalutiers eux-mêmes et leurs équipages risquèrent leur vie à plusieurs reprises. Le 14 mars en particulier, sur l'*Alcyon* et le *Marie-Joseph* qui les avaient rejoints, avec ses camarades, ils réussirent à sauver les équipages de vingt pinasses à moteur qui, tellement malmenées par les courants déchaînés, se brisèrent sous leurs yeux ! Quatre-vingt-onze marins-pêcheurs avaient été sauvés ! L'exploit de ce sauvetage fut si retentissant que le ministre de la Marine récompensa les deux chalutiers par le prix Henri Dunant[65], consistant en une somme d'argent qui fut répartie entre les équipages des deux chalutiers. Quelques jours plus tard, le patron de l'*Alcyon* ouvrit à son tour avec ses hommes une souscription en faveur de leurs camarades sardiniers qui avaient perdu dans la catastrophe leurs filets de pêche, provisions de *rogue*, essence, etc. La solidarité n'était pas un vain mot ! La jeune Virginie connut, avec ces événements tragiques, les premières angoisses de sa vie de femme de marin et s'inquiéta particulièrement pour Guillaume. Hélas, ces événements n'étaient que les oiseaux de mauvais augure de la catastrophe qui se préparait avec l'été chaud de 1914.

La fin juillet avait été brûlante et orageuse. Le 3 août, le tocsin qui couvrit les bruits du quartier de Saint-Ferdinand frappa de stupeur la besogneuse population de l'Aiguillon qui s'éveillait à peine d'une nuit chaude et étouffante. Dans les rues, aux pêcheries, sur les ponts des chalutiers, on s'interrogea, la gorge nouée, l'angoisse au cœur. Le tocsin qui ne faiblissait pas, les coups répétés et rapides des cloches étaient souvent l'annonce de l'incendie dévorant dans la forêt du pays de Buch. Mais aucune fumée n'obscurcissait un ciel radieux, prémices de la chaleur qui montait. Et tout à coup, ce bruit qui courut, qui enfla, qui réveilla des peurs ancestrales se répandit, implacable : « *La guerre ! c'est la guerre !* »

On le répétait à l'envi, on ne voulait pas y croire. Mais les affiches bientôt couvrirent les murs du quartier et firent accourir la foule, médusée, qui déchiffra : « *Ordre de mobilisation générale* [...] *guerre déclarée entre la France et l'Allemagne* [...] *tous les hommes de dix-huit à quarante-cinq ans doivent se tenir prêts à l'ordre de réquisition* [...] » Les hommes de dix-huit à quarante-cinq ans... Ce fut la phrase qui brouilla les yeux de larmes, ce furent les calculs dans les têtes affolées des femmes et des mères : il n'a que dix-sept ans ! Il a quarante-huit ans ! Hélas, il a vingt ans ! Il a trente ans ! Le tocsin avait ébranlé aussi le petit bourg de Mestras. Loïc et Reine s'étaient longuement étreints après avoir égrené, ivres de chagrin, l'âge de ceux qui leur étaient chers : Pierri a quarante-cinq ans, Guillaume en a vingt-neuf, Robert a vingt-quatre ans, Auguste a trente-cinq ans ! Il fallait partir à l'Aiguillon, vivre ensemble l'événement, sans tarder. Ils fermèrent les portes alors qu'un ballet de mouettes, indifférentes, évoluait sur les eaux si calmes, un voilier glissait à l'horizon... images de sérénité si familières, ce matin si précieuses, sur lesquelles on rabattit les volets, cachant la paix qu'on allait salir, ensanglanter... l'incroyable s'était produit. La colère monta, emplie de rage : « *Il faut se battre, oui, on nous attaque, il faut se défendre !* »

Le patriotisme renaissait, 1870 était dans tous les esprits : « *La revanche, cette fois, on les aura, ces Prussiens aux casques pointus qui nous ont humiliés, écrasés, c'est l'ennemi à abattre... ce sera vite fait, il n'y a pas d'autre solution que la guerre !* » Et c'est vrai, que faire d'autre ? On n'avait jamais résolu jusqu'alors les questions d'hégémonie ou d'invasion que par les armes tournées vers l'ennemi et il n'y avait toujours eu, hélas, qu'un vainqueur et un vaincu, et le vaincu avait toujours rêvé de revanche.

Le 5 août, à la gare d'Arcachon, les hommes de l'Aiguillon et ceux des quartiers riches, ordres d'affectation en poche, prirent le train pour les mêmes casernes de Bordeaux, soumis aux mêmes règlements ! La foule se pressait, les calots bleu horizon avaient remplacé casquettes et bérets rongés de sel. Les couples s'enlaçaient dans de suprêmes étreintes, des larmes coulaient. Reine, perdue, cherchait les siens pour un dernier adieu. Guillaume et Robert se tenaient dans l'encadrement des portières. Auguste, sur le marche-pied du wagon, embrassait longuement les mains d'Hélène, difficiles à lâcher. Le chef de gare siffla. *« Où est Pierri ? »* cria Reine. Mais il était là. Il embrassa violemment sa mère avant de sauter dans le train dont les portières commençaient à claquer. Loïc, un peu à l'écart, laissait Reine toute à ses adieux et à sa douleur. La vapeur fusa de la machine en sifflant, la locomotive frémit à grand renfort de mécaniques et le train tout entier s'ébranla lentement, en grincements prolongés. Train d'hommes voués au même destin, engagés sur une route sanglante. Loïc serra alors très fort Reine contre lui, tandis qu'Emilienne, sa belle-fille, et Paule, la femme de Robert, se pressaient autour d'elle. Hélène, en larmes, les rejoignit. Virginie, un peu à l'écart, n'osait s'approcher. Mais Reine l'aperçut et l'appela d'un geste. Alors, les douleurs se confondirent et le vieux couple complice comprit combien allait être dur ce nouveau temps qui commençait, mais ils seraient là, piliers de la famille, prêts à aider et à consoler.

Les affectations de tous ceux qu'ils aimaient, embarqués dans le train infernal, arrivèrent très vite. Les réponses à leurs interrogations étaient là, implacables ou rassurantes. La jeune Paule de La Teste et ses enfants apprirent, terrifiés, que Robert était envoyé sur le front de l'Est, dans les combats directs avec l'armée allemande ! Pierri et Guillaume revinrent de Bordeaux pour s'embarquer sur leurs propres chalutiers réquisitionnés par la Marine militaire. Ce fut un nouveau départ déchirant. Emilienne, malade de douleur, admettait difficilement le départ de Pierri. Il avait juste quarante-cinq ans ! Pierri fut envoyé dans la Manche, affecté au dragage des mines dans les ports. Guillaume partit pour la Méditerranée où les Allemands avaient implanté des bases militaires importantes.

Seul Auguste échappa au départ, mobilisé sur place à la Société scientifique où les installations furent transformées en laboratoires de stérilisation pour les instruments et objets de pansements des hôpitaux d'Arcachon… oui, les hôpitaux d'Arcachon, car, hélas, la guerre prit un terrible visage avec l'arrivée des premiers blessés. Il fallait les loger et les soigner et *« l'ordre de réquisition fut donné à tous les bâtiments publics ou privés qui avaient capacité de contenir le nombre le plus important de lits dans les salles les plus vastes »*. Le collège Saint-Elme ouvrit le premier ses portes sous le nom d'hôpital complémentaire n° 28. Tous les édifices publics d'Arcachon réservés jusque là aux jeux, loisirs, fêtes et plaisirs allaient devenir des numéros matricules dans lesquels on allait traiter les blessés et malades de la plus terrible boucherie que la France ait connue au cours de son histoire ! Il en serait ainsi des deux casinos, du Grand Hôtel, des maisons de famille, de l'asile hospitalier du boulevard Deganne, des cliniques… et des écoles, vides alors en cette période de vacances. Le personnel médical, nombreux à Arcachon où on soignait les tuberculeux dans les luxueuses demeures de la « ville d'hiver », répondit tout de suite à l'appel des besoins. Après un certain flottement, le collège Saint-Elme fut le plus important de tous, accueillant des gens de toutes catégories sociales et ethniques : Français, Sénégalais, Annamites, Russes, aussi bien marins qu'ouvriers.

La jeune Virginie, enfant de riches, élevée dans la bonne bourgeoisie arcachonnaise, fut affectée à Saint-Elme, où son diplôme d'infirmière trouva toute son utilité. Elle fut confrontée à l'humanité souffrante, blessée à vif dans sa chairs à ce défilé incessant de brancards, à cette litanie de pleurs, de gémissements, d'appels... Mais la jeune fille, par le plus grand des hasards, était tombée amoureuse d'un marin de l'Aiguillon et ce marin adoré était loin, en Méditerranée. Elle n'avait aucune nouvelle et chaque blessé était pour elle l'image, peut-être, d'un Guillaume blessé, très loin, qui l'appelait aussi, sans doute. Elle faisait des miracles auprès de tous ces jeunes gens qu'elle soignait avec tout l'amour qu'elle ne pouvait donner à « son » blessé ! Et c'est dans ce quartier de l'Aiguillon où elle, jeune enfant gâtée d'*estrangers* insouciants, ne se serait jamais hasardée, c'est dans ce quartier qu'elle trouva des pauses salutaires et du courage pour continuer sa dure tâche.

L'Aiguillon était devenu un monde de femmes, d'enfants et de vieux ! Les forces vives l'avaient déserté, tout entières occupées à une œuvre de feu, de haine et de vengeance. Mais la vie pourtant continuait, la femme du boucher coupait et préparait la viande, la femme du boulanger était au pétrin à la pointe du jour, la femme du chef de gare avait pris le sifflet... A l'usine Couach, dès novembre, les femmes s'embauchèrent pour fabriquer obus et boulets de canons, obus contre les sous-marins, obus pour les canons de tranchée, puis des moteurs pour les vedettes militaires. Les vieux parents prirent la place des parqueurs, les femmes qui connaissaient le travail y eurent le premier rôle, détroquant, allant aux parcs, conduisant les chalands. Chez Virginie, dans la belle maison au-delà d'Eyrac, son père, âgé de quarante-huit ans n'était pas mobilisé et il poursuivait son commerce. Sa mère suivait quelques cours d'infirmière que madame Veyrier Montagnère, présidente du comité de la Croix-Rouge, organisait pour les familles aisées d'Arcachon. Les chalutiers à vapeur furent réquisitionnés par la marine militaire. Deux seulement restèrent à la disposition des pêcheries pour nourrir la population.

Alors Loïc reprit du service. Il s'embarqua avec des marins retraités ou non mobilisables et de très jeunes mousses, le courage chevillé au corps pour braver les courants fous des passes, mais aussi les mines que les Allemands dispersaient dans les océans, armes redoutables et imprévisibles, armes de lâches, qui faisaient exploser un bateau en un éclair, ou que les marins trouvaient dans leurs chaluts avec le poisson déversé sur le pont ! Mais il fallait passer outre. Les retours étaient autant de victoires sur l'ennemi, de miracles de la vie ! Il retrouvait Reine et les femmes à la criée de La Nouvelle où chaque famille emportait sa ration de poissons. Les femmes mobilisèrent quelques bonnes volontés et, chaque jour, elles faisaient cuire dans un local mis à leur disposition d'importantes marmites de soupe de poisson. Elles réchauffaient ainsi et réconfortaient, l'hiver, aussi bien les marins des chalutiers qui accostaient que les femmes ou les vieux qui avaient repris du service sur les *tilloles*, à moteur à présent, pour pêcher les sardines dans le Bassin. Les vieux ou les enfants qui pêchaient à la ligne, tout simplement, pour améliorer le maigre ordinaire, n'étaient pas les derniers à se régaler d'un bon bol de soupe fumante. La bonne odeur chatouillait aussi les narines des gamins à la sortie de l'école et ils appréciaient ce viatique inattendu. Loïc et Reine s'étonnaient de ne pas voir Emilienne à la criée : elle ressassait son chagrin, sans essayer de réagir ni d'apporter sa contribution au travail.

A Gujan, à Mestras, à Meyran, les pêches locales un peu oubliées avaient repris du service. Les vieux initiaient les jeunes sur le bord des *esteys* à pêcher, le jour, l'anguille dans la vase ou la nuit, brasero à l'avant de la pinasse, protégés de la flamme par un vieux chapeau, ils piquaient à la foène les poissons attirés par la lumière du feu, tandis que les enfants ramaient. Combien réconfortants pour les mères de famille, ces retours de pêche qui assuraient des repas providentiels !

Quand Reine venait s'occuper des enfants d'Hélène, celle-ci en profitait pour courir à l'hôpital n° 28 où Virginie l'avait introduite. Oh ! Elle n'était pas infirmière, mais on la voyait aux cuisines, porter les repas dans les dortoirs, faisant manger les uns, installant les autres, apportant avec elle sa gentillesse et son sourire aux soldats si tristes. Elle écoutait leurs récits, la boue des tranchées, les éclats d'obus qui arrachaient un bras, une jambe ou déformaient quelquefois le visage, les ambulances qui patrouillaient, les villages incendiés… la peur qui leur collait à la peau, cette peur qu'elle lisait dans leurs yeux égarés, mais ils racontaient aussi les lettres des familles, qu'ils couvraient de baisers amoureux avant de les ouvrir, pleurant, tremblant, qu'ils relisaient cent fois, chaque fois plus heureux. La poste aux armées était le lien ténu qui les reliait aux leurs. Chacun s'ingéniait pour envoyer lettres et paquets. Hélène, qui n'avait pas de soldat au front, avait pris un « filleul de guerre », un nom parmi d'autres que l'armée avait divulgué, comme elle le faisait souvent, voulant adoucir le sort de jeunes sans famille ou qui recevaient peu de courrier. On tricotait pour ces filleuls de guerre, on préparait des colis et des lettres. Paule s'occupait à la Croix-Rouge de La Teste à confectionner des colis. Les femmes, le soir, tricotaient chaussettes, gants ou gilets. Une grande solidarité s'était établie entre ceux du front et ceux de « l'arrière ». Reine écrivait à ses trois soldats. Quand elle postait ses lettres pour des destinations si lointaines, elle se demandait bien si elles arriveraient à destination ! Mais si ! Le premier qui répondit fut Pierri qui parlait un peu de sa vie sur son chalutier, mais qui parlait surtout d'elle, sa mère, et qui posait des questions, qui calmait ses inquiétudes, qui demandait des nouvelles de sa femme, de « granpa », de ses fils, du quartier… Les lettres cheminaient ainsi, à travers les airs, les voies ferrées, les océans.

La première grande joie fut l'arrivée de Robert, en permission de quinze jours, revenant de l'enfer du front ! Retrouver sa femme, ses enfants, sa mère, sa grand-mère et Loïc, sa maison à La Teste fut, pour lui, un bonheur sans égal.

Son visage était devenu plus grave. Le chantier Bossuet marchait au ralenti, mais jamais il n'avait autant goûté et mesuré sa chance de vivre sur cette mer de Buch qu'il retrouvait, paisible et lumineuse, un endroit oublié des combats de la guerre, auquel il rêverait encore plus fort, il en était sûr, quand la peur et la souffrance brouilleraient à nouveau son esprit !

Les nouvelles de Guillaume furent très longues à arriver. Sa mère fut avisée un jour par les autorités de la Marine qu'il participait en Méditerranée à des combats dans le détroit de Dardanelles contre les Turcs ! Cette nouvelle accentua l'angoisse de sa mère et de sa grand-mère, car elles ne pouvaient le situer dans leur tête et ne comprenaient pas bien pourquoi il fallait aussi se battre contre les Turcs !

Reine lisait les journaux avec avidité, les seules nouvelles régulières de la guerre, y cherchant la moindre information sur les batailles navales dans la Manche ou en Méditerranée.

Les pêcheries affichaient aussi tous les renseignements qui leur parvenaient sur leurs propres chalutiers aux quatre coins des mers et des océans. Le téléphone, qui avait pris un grand développement, permettait une communication régulière entre les zones de combat et les administrations à l'arrière. Virginie était son rayon de soleil. Dès le moindre moment de repos elle était auprès d'elle. Emilienne était là parfois, mais se retirait quand Virginie arrivait avec sa jeunesse, sa confiance en l'avenir malgré les horreurs qu'elle côtoyait chaque jour. Elle était revenue en courant, un matin, de l'hôpital, leur portant un précieux message : un blessé de l'hôpital arrivé dans la nuit lui avait donné une lettre que Guillaume lui avait confiée. Une lettre rapide, il avait été prévenu que son camarade, légèrement blessé, était rapatrié sur Arcachon. Mais il allait bien, il embrassait toute la famille, un petit billet spécial était pour Virginie qu'elle glissa très vite sur sa poitrine, les larmes aux yeux.

Hélène avait consenti, sur les conseils de son mari, à éloigner leurs enfants de la maison et Paule les avait pris tous les trois avec les siens à La Teste. En effet, la Société scientifique développait ses services dans l'assainissement militaire de la place d'Arcachon et Auguste passait ses journées à désinfecter les locaux contaminés par des maladies qui se propageaient rapidement dans ces lieux de concentration de blessés. Il préférait mettre les enfants à l'abri de ces nouveaux dangers. La place ne manquait pas dans les deux maisons amies.

Hélas, le nombre de veuves de guerre augmentait et chaque famille vivait dans l'angoisse de recevoir la lettre timbrée de la Marine militaire française déclarant officiellement le fils ou le mari « mort au champ d'honneur », formule consacrée qui semait la désolation sans apprécier particulièrement « l'honneur » qui leur était fait ! La famille Dupouy à La Teste fut la première à payer le terrible tribut : Noël Dupouy, un des petits-fils de Joseph et Antou, qui avait dû abandonner ses huîtres à la mobilisation, était mort, lui aussi, « au champ d'honneur ». Il avait eu droit en l'église de La Teste à la Croix de guerre posée sur le cercueil et à « la sonnerie aux morts », tandis que le drapeau tricolore s'abaissait dans une minute de silence…

Joseph s'occupait déjà de la concession avec le vieux Gustave, il continua à le faire, un peu plus courbé, un peu plus vieilli. Loïc, plus solide que jamais, était partout où il pouvait rendre service. Quand il n'était pas en mer, on le voyait à l'hôpital donner un coup de main aux brancardiers quand un convoi de blessés arrivait. Il s'occupait des papiers à remplir pour des femmes du quartier, veuves désemparées, noyées dans les déclarations à faire pour toucher une maigre pension. Reine et lui s'attachaient de plus en plus à Virginie. S'ils désapprouvaient l'attitude d'Emilienne à son égard, ils étaient tristes aussi pour elle de la voir exclue de sa propre famille : *« Mes parents ne comprennent pas que je soigne des Africains, des Annamites, ma mère préfère s'occuper d'officiers convalescents français au Bon Repos à Arcachon, et puis ils pensent que Guillaume est une amourette de passage… Ne vous inquiétez pas pour moi. »*

Alors qu'un matin elle consultait la liste des blessés rentrés la nuit, le nom de Guillaume Castaing la fit défaillir. Elle se reprit très vite mais ses yeux brouillés de larmes n'arrivaient pas à déchiffrer la catégorie de blessés dans laquelle figurait son nom. Enfin, le voilà… blessés dits « légers ». Merci, mon Dieu ! Un cri de soulagement qui remontait loin, dans son enfance.

Les convalescents assis le long des galeries couvertes de la cour intérieure de Saint-Elme virent, ce matin-là, étonnés, une jeune infirmière, voile blanc au vent, courir, éperdue, le visage ruisselant de larmes, vers une porte devant laquelle elle s'arrêta, essuya son visage, remit de l'ordre dans sa coiffure et qu'elle ouvrit bravement : face à elle, une enfilade de lits de fer. Le plus posément possible, alors que son cœur battait la chamade, elle passa devant chacun avec un sourire pour tous et là, soudain, le visage adoré, pâle, barbu et amaigri, mais intact ! Sa jambe portait un énorme pansement au niveau de la cuisse. Il semblait dormir. Avec d'infinies précautions, elle déposa un baiser sur le front moite.

- Il a bien de la chance, entendit-elle dans le lit d'à côté.
- C'est vrai, je suis si heureuse.
- C'est votre amoureux ?
- Oh ne croyez pas… C'est celui avec qui je veux faire ma vie. Il y a si longtemps que j'attendais ce jour !
- Nous avons tellement voyagé, on a groupé ceux d'Arcachon et cette nuit, enfin, pour la première fois depuis quatre jours, nous avons un vrai lit. Nous revenons de l'enfer, vous savez, les combats étaient très durs, mais les Turcs ont eu le dessus ! C'est la loi de la guerre !
- Vous le connaissez donc ?
- Oui un peu, on parlait du pays, ça nous remontait le moral. Le même obus nous a blessés, lui à la cuisse, moi à la main droite, la même ambulance nous a ramassés.

Soudain, les yeux de Guillaume s'ouvrirent sous les tendres caresses et nos deux amoureux se perdirent dans le même univers, seuls au monde en cette minute sous les yeux attendris du compagnon d'infortune. La blessure était mauvaise, les soins furent longs et douloureux, mais avait-il le droit de se plaindre quand, si souvent, sa mère, sa grand-mère et « granpa » étaient à son chevet et que le chirurgien, un matin, joignant les mains de Guillaume et celles de l'infirmière, leur dit avec un bon sourire : *« C'est bon, nous éviterons l'amputation ! Une bonne convalescence et il ne paraîtra plus rien ! »*

L'annonce du retour du chalutier de Pierri inonda de bonheur le cœur de tous. Deux ans s'étaient écoulés depuis son départ. Une seule permission avait éclairé ces deux années. La Marine nationale jugea qu'il avait le droit d'être affecté près de chez lui. On était en 1917, l'Allemagne intensifiait le nombre de ses sous-marins et les passes étaient soumises à une surveillance draconienne. Il fallait défendre le phare et éviter qu'un sous-marin ne vienne troubler la mer de Buch. Deux petits patrouilleurs, la *Loutre* et la *Martre*, armés d'un canon, furent désignés pour aider l'entrée et la sortie des passes des sardiniers nombreux afin de protéger l'équipage où beaucoup de femmes remplaçaient les maris absents. Avions et hydravions complétèrent cette surveillance tandis qu'un bac à moteur, le *Poilu*, très populaire à Arcachon avec sa coque blanche et sa cocarde tricolore à l'avant, était chargé d'assurer la sécurité et le remorquage des hydravions. Pour superviser le tout, un poste de guet américain prit position sur la dune du Cap-Ferret, en liaison constante avec le sémaphore, grâce au téléphone et à la TSF. Pierri continuait à draguer les mines sur les côtes landaises. Le danger était le même, mais ses jours de repos le ramenaient souvent à la maison. Par le hasard des permissions, Pierri et ses deux fils se retrouvèrent en cette même année, dans la maison de Robert à La Teste où Guillaume achevait sa convalescence. Ce furent des retrouvailles pleines d'émotion, un avant-goût de l'après-guerre.
- Ce cauchemar va bientôt finir, assurait Pierri.
- Nous avons bravé tant de dangers, nous avons donné notre part à la France, rien ne sera plus comme avant, c'est vrai, mais l'essentiel c'est que l'on se retrouve comme aujourd'hui, je crois que c'est un bon signe, disait Guillaume.
- Rien n'est joué… pensait Loïc qui se gardait bien de ternir le bonheur présent.

Tous entouraient Antou et Joseph, les grands-parents de Noël, ainsi que ses parents. Ils se retrouvaient souvent au petit cimetière de La Teste où la Croix de guerre trônait sur la tombe du soldat mort au champ d'honneur.

Le *Courrier du Cap* fut à son tour réquisitionné, au grand dam de la population de Cap-Ferret car, depuis 1907, il assurait le transport des passagers et du ravitaillement depuis Arcachon. Aucune route n'existait entre ces deux agglomérations, si ce n'est quelques sentiers muletiers à travers la forêt[66]. Fin 1917, la guerre se poursuivait, cruelle. Guillaume, parfaitement rétabli, fut

Soldats blessés de la première guerre mondiale à Saint-Elme. (Collection particulière.)

renvoyé en Méditerranée ! Ce fut un coup terrible pour sa mère et sa grand-mère qui avaient pensé le garder auprès d'elles. Mais le cycle infernal de la guerre continuait, les troupes fraîches remplaçaient les blessés et les morts. Les blessés guéris reprenaient leur place dans leurs compagnies, toujours demandeuses d'hommes, d'hommes à nouveau valides et reposés.

Le facteur de l'Aiguillon, dans les jours heureux de la paix, était un personnage truculent. Digne d'un garde champêtre, il vous rapportait toutes les nouvelles de ce petit coin de Buch mais aussi celles de la municipalité d'Arcachon, sujette à toutes les moqueries... cette ville qui voulait déposséder la vieille commune de La Teste de toutes ses prérogatives au profit de la luxueuse ville qui se développait. Arrosée de quelques verres de vin dans les bistrots du coin, sa verve était intarissable, imagée, ponctuée de verdeurs de langage en patois qui ravissaient les vieilles gens ! Il était attendu, les portes s'ouvraient volontiers, les conversations se poursuivaient sur le trottoir. Sa boîte était magique, une lettre, un journal, il connaissait tous les gens de la tournée, appelait les marins par les surnoms qu'ils aimaient se donner entre eux. Son retour à la poste était très variable, en fonction du volume des informations, du nombre d'histoires à raconter, des arrêts plus ou moins prolongés sur le zinc des comptoirs ! Mais le facteur de l'Aiguillon était devenu triste. Ses fils étaient partis au front et, un matin, au début de la guerre, en triant son courrier à la poste, il avait trouvé une enveloppe de la République française, Poste aux armées, à lui-même adressée. L'ouvrant fébrilement, il avait appris qu'un de ses fils était mort sur le front de l'Est… au champ d'honneur ! Sa vue s'était brouillée, il avait vu son fils ensanglanté sur les champs de la Marne… Plusieurs lettres semblables étaient dans les courriers et il avait compris que c'était lui qui allait porter les terribles nouvelles aux familles, qu'il allait être l'oiseau de mauvais augure et il n'avait pas aimé du tout, du tout, la mission dont il était chargé ! Finis les rires complices, les histoires un peu folles. Quand il frappait aux portes, les vieilles tremblaient à sa vue, on redoutait l'enveloppe tragique. Quand il en avait une à donner, sa voix se faisait très douce, et il partageait la douleur.

Ce matin, il est plus triste que d'habitude. Il a une lettre adressée à Emilienne Castaing, « la femme à Pierri », qu'il connaît bien. Son mari et ses fils sont si loin, il demande toujours des nouvelles. Alors il évite la maison, il va distribuer plus loin, il revient, il ne peut se résoudre à frapper à la porte. Emilienne a reconnu tout de suite la lettre qui lui brûlait les doigts. Elle est seule, elle s'est assise, le facteur ne pouvait pas partir. Alors elle a ouvert tout doucement, en tremblant. *« République française, ministère de la Marine… Pierre Castaing, mort à son poste à bord du chalutier qui a fait naufrage à la suite de l'explosion d'une mine… »* Elle lui a tendu la lettre et lui, bouleversé, ne savait que faire pour calmer les sanglots qui soulevaient sa poitrine. Alors il a posé sa boîte, il lui a pris les mains et, dans un accès de colère terrible s'est écrié :

- Saleté de guerre, jusqu'à quand va-t-on envoyer nos enfants dans cette boucherie immonde ? Le mien, en 15, votre mari, madame, aujourd'hui, en 17. Le bon Dieu n'a aucune pitié ! Qu'on la gagne ou qu'on la perde, cette foutue guerre, elle ne nous rendra pas toutes les vies perdues, nos propres enfants ! Je ne peux plus porter ces satanées lettres, je suis l'oiseau de malheur… Pardonnez-moi, madame, je n'aurais jamais voulu vous annoncer, moi, que ce Pierri que nous aimons tous ne reviendra plus… Mourir pour la patrie ! C'est la nouvelle trouvaille qui doit consoler les pauvres gens. Qu'est-ce qu'ils imaginent, là-haut, que l'honneur va laver la douleur ? L'honneur de mourir, misère !

- Vous avez raison, facteur, mais personne ne vous en veut, vous faites votre métier, il est terrible en ce moment, lança Emilienne entre deux sanglots.

Ils se serrèrent longuement les mains dans un désespoir commun.

- Je ne veux pas vous laisser seule, madame, où est Loïc ? Je vais le chercher.

- Hélas, il ne revient que ce soir avec le chalutier… Oh ! Mon Dieu, mon mari, votre fils…

Alors, discrètement, il est allé chercher la voisine pour ne pas laisser seule cette femme avec son grand désespoir. Oui, Pierri, le petit de Reine, était venu mourir sur les côtes de son pays, il avait protégé tant de ports, là-haut, sur la Manche ! Reine, si forte et si digne pour la mort de Jeantou, se nourrissait de la colère du facteur qu'elle faisait sienne et Loïc se désespérait de ne pouvoir la calmer et lui apporter le réconfort qu'il désirait tant ! Mais Jeantou, si tendrement aimé, Pierri, son fils, sa joie de vivre, c'était plus qu'elle n'en pouvait supporter. Loïc rouvrit la maison de Mestras pour elle, mais ni les fleurs du jardin, ni le clapotis apaisant des vaguelettes de la petite mer de Buch ne réussirent à l'apaiser. Reine s'éteignit, un soir, dans les bras de Loïc alors que le printemps de 1918 laissait entrevoir la paix... Femme de marin, mère de marin, elle avait épousé avec l'homme sa passion de la mer, elle avait soutenu et défendu son fils pour le même atavisme, pour cette mer qui était leur vie à tous deux, ces deux êtres qu'elle avait tant aimés mais que la mer lui avait pris, finalement la plus forte, dans une superbe indifférence.

Le 11 novembre 1918, quand les cloches de Saint-Ferdinand carillonnèrent joyeusement la victoire et la paix, Robert, Guillaume et leur mère, Loïc et Virginie ne purent s'associer à l'explosion de joie qui était l'exutoire de quatre années de souffrances et d'horreur, explosion qui s'était emparée du peuple français tout entier. Cette guerre leur avait pris le mari, le père, et le chagrin de cette perte avait aussi emporté Reine. Loïc avait perdu celle qui lui avait redonné le goût de vivre, qui s'était passionnée avec lui aussi pour la mer qui, pourtant, avait ravi leur bonheur. C'était trop de tristesse accumulée et, au petit cimetière de Mestras, ils se recueillirent et unirent leurs pensées devant la petite dalle de pierre sous laquelle reposaient Reine et les quatre marins de la famille Castaing-Mora que la mer ne leur rendrait jamais : Jeantou, Pierri, Valentin et Jean.

La guerre était finie. Sonné par quatre années de désolation, le quartier de l'Aiguillon eut beaucoup de mal à l'admettre. Les flonflons de l'armistice s'étaient tus et la réalité de cette boucherie crevait les yeux à chaque pas : c'était le regard perdu de ce marin, unijambiste, debout sur ses béquilles, devant les pêcheries. C'était le regard horrifié, vite ressaisi, qui se portait sur une « gueule cassée[67] » au détour d'une rue. C'était cette manche de chemise vide, pendante, inutile, qui vous fendait le cœur. C'étaient toutes ces femmes en deuil, voiles noirs, à l'église, le dimanche.

Mais il y avait aussi des signes avant-coureurs d'une paix retrouvée. En février 1919, c'était le *Suzanne-Céline* qui revenait de l'enfer à La Nouvelle, suivi du *Marie Louise*, du *Jeanne*, de l'*Albatros*, du *Sacha*, intacts. C'était aussi le facteur qui, s'il n'avait pas encore retrouvé sa faconde, avait perdu un peu de sa tristesse. Il ne portait plus de lettres de mort, mais se remettait mal de la perte de son fils.

Arcachon, surpris par la guerre à l'apogée de ses fêtes et réjouissances, voulait oublier ces années terribles et, malgré tous ceux qui n'étaient pas revenus, les survivants et les jeunes voulaient retrouver ces folles années. L'extension des travaux vers le Moulleau et le Pilat reprirent de plus belle. Pourtant, dès 1913, on avait pu lire sur *L'Avenir d'Arcachon* : « *La mairie a construit au Moulleau les rues que nous attendions à Saint-Ferdinand.* » Ces rues qu'ils attendaient toujours à la fin de la guerre et qui auraient eu bien besoin de réfections ! Les différentes pêcheries attendaient toujours aussi l'intervention des pouvoirs publics pour l'aménagement d'un port digne de ce nom, et l'armement arcachonnais aurait bien voulu aussi l'aménagement des passes qui l'aurait rendu plus compétitif face aux autres ports de la côte atlantique, alors que le nombre de chalutiers augmentait sans cesse !

Au début de 1919, une bénédiction dans l'intimité avait uni, enfin, Guillaume Castaing et Virginie Lalanne, forts de l'amour qui s'était forgé dans ces quatre années de souffrance où Guillaume avait vécu l'enfer de la guerre et Virginie partagé les heures douloureuses de tous ces blessés, si divers de nationalité, de couleur de peau, de langage. Ses parents, comme elle s'y attendait, n'assistèrent pas à la cérémonie. Mais Guillaume avait sauvé sa jambe, là était bien la grande chance qu'il mesurait chaque jour. Virginie, sûre et fière de son amour, était devenue femme de marin, à l'égale de ces femmes qu'elle avait côtoyées durant quatre ans, de ces femmes trop souvent chefs de famille à présent, parce que le mari n'était jamais revenu. Elle les avait soutenues dans leur douleur, aidées dans leurs démarches pour l'obtention d'une pauvre pension de veuve de guerre, qui leur permettait tout juste de survivre. En conflit permanent avec ses parents qui n'avaient pas admis son mariage, elle essayait de leur faire comprendre la noblesse de ce métier de la mer, qui était beaucoup plus une passion qu'une source de revenus, que cette passion était plus forte que les dangers encourus et qu'elle avait, elle aussi, épousé cette passion et en acceptait toutes les servitudes. Mais ses parents ne pouvaient ou ne voulaient pas la comprendre ; elle finit par se dire que c'était peut-être trop tôt et les laissa vivre au rythme de leur commerce, de leurs festivités et de leurs réceptions...

Loïc vivait avec sa peine, mais l'énergie qui était en lui, malgré ses soixante-dix ans, cherchait toujours à se dépenser dans les domaines où il pouvait être utile. Il s'était promis d'achever la remise en état de la petite maison de Mestras où il n'avait pu, comme il l'avait envisagé, jouir du bonheur simple de vivre avec Reine une vieillesse heureuse, eux que la vie avait tant marqués ! Mais il voulait que cette maison soit pour les petits-enfants de Reine, qu'il avait fait siens, un havre de paix. Il partageait son temps entre Mestras et l'Aiguillon chez Guillaume et Virginie. Il s'était profondément attaché à elle, si courageuse, allant d'une maison à l'autre apporter ses talents d'infirmière pour rassurer ici, donner les premiers secours là, évitant quelquefois les soins coûteux d'un docteur, apprenant les premiers gestes d'urgence qui pouvaient sauver une vie... Virginie qui vivait de plus difficilement les absences de

Guillaume, quand il partait pour une semaine ou deux sur les côtes d'Espagne ou du Maroc. Tous deux aidaient les veuves à trouver du travail dans les pêcheries, les glacières ou autres dans le quartier. Ils organisèrent avec des bonnes volontés une sorte de coopérative où les femmes purent trouver à bas prix de quoi s'alimenter ou même se vêtir. Ce fut une réussite et cette première ébauche se continua, encouragée et soutenue par les patrons des pêcheries eux-mêmes. Robert avait retrouvé le chantier Bossuet, qui était déjà au sommet de ses activités. Avec le développement de l'univers de luxe à Arcachon, où les *estrangers* avaient du temps libre, s'étaient développés les sports nautiques et la navigation de plaisance. Le yachting occupait une place de choix et les chantiers locaux débordaient de commandes.

Dès 1921, La Nouvelle se défit de ses bateaux fatigués et vieillots et acheta à l'amirauté anglaise une série de chalutiers dragueurs en bon état, série dite des Roches : La *Roche Françoise*, la *Roche Grise*, *Ivoire*, *Noire*, *Bleue*, *Rouge* et enfin la *Roche-Velen*. En 1920, le *Sacha*, de célèbre mémoire dans la famille, sur lequel Pierre et Loïc avaient fait ensemble la pêche à Terre-Neuve, bien fatigué, fut remplacée par deux chalutiers plus modernes, le *Sagittaire* et le *Capricorne*.

Les Pêcheries de l'Océan aussi avaient besoin de reconstituer leur flotte perdue ou de moderniser celle qui restait. C'est du Japon que vinrent les deux premiers chalutiers : le *Volubilis* et le *Chrysanthème*, puis de l'Allemagne arrivèrent les suivants, l'*Aigrette* et le *Courlis*. En 1922, les passes renouèrent avec leurs tragiques souvenirs d'avant guerre et deux chalutiers de La Nouvelle sombrèrent avec leur capitaine et l'équipage. Le temps était très mauvais, et les gardiens du sémaphore, gênés par d'abondantes chutes de pluie, ne les virent pas ! A l'Aiguillon, on attendait le retour, l'angoisse au cœur par l'absence de nouvelles… Ce n'est que quelques jours plus tard que les corps furent rejetés à la côte.

En 1921, une troisième société de pêche vit le jour, la Société Cameleyre Frères, sur un terrain à l'Aiguillon où, elle aussi, dut construire ses propres installations et d'importants bâtiments dont une glacière perfectionnée. Elle devint très vite une des plus importantes.

La République française avait décidé d'honorer tous les héros de cette guerre qui avaient permis la victoire sur l'Allemagne et il fut décidé qu'un monument aux morts serait érigé dans toutes les communes de France sur lequel figureraient les noms des hommes de la commune morts pour la France. A Arcachon, il fut inauguré en 1922 et tous les enfants des écoles entonnèrent la 9e symphonie de Beethoven. Il faut dire que c'était l'explosion des écoles laïques, gratuites et obligatoires où l'on développait l'amour de la patrie en même temps que l'on glorifiait cette nouvelle école par des chants martiaux que les enfants entonnaient avec fougue, sans trop en comprendre la signification :

Rayonnante et magnifique
Des temps nouveaux si radieux
Notre chère école laïque
Abrite des espoirs nouveaux
Elle apparaît comme un symbole
De libre effort et de fierté
Et porte l'ardente auréole
De notre solidarité
Ecole qu'on aime
D'un amour extrême
Nous te saluons
Et nous te fêtons

Les cours complémentaires, suite logique du cycle primaire, avaient été créés depuis quelques années. Arcachon en possédait un, La Teste n'en possédait pas encore. Aussi, les enfants de La Teste qui voulaient poursuivre leurs études après le certificat étaient-ils obligés d'aller à Arcachon. A la suite d'un des innombrables combats virulents qui opposèrent, en ce début de siècle, le maire de La Teste et celui d'Arcachon, ne vit-on pas ce dernier, en mesure de rétorsion, interdire aux enfants de La Teste la fréquentation des cours complémentaires ? On aurait pu croire que la guerre entre les peuples aurait assagi les querelles de clocher, mais non ! A l'Aiguillon, Emilienne se refusait toujours à faire la paix avec Virginie ce qui désolait le jeune couple. A Arcachon, ses parents n'admettaient toujours pas le mariage de leur fille !

Le facteur de l'Aiguillon. (Enfants Terribles, Arcachon.)

Grève des inscrits communistes au début du XXe siècle. (Collection particulière.)

Chalutier au secours des sardiniers. *(Tableau original photographié dans le bureau du maire de Gujan-Mestras.)*

L'incendie du Grand Hôtel, Richard Lahaye. (Le Temps retrouvé, Arcachon.)

Appontement de La Nouvelle. (Collection Noël Gruet.)

Le monde des marins à l'Aiguillon. (Photo familiale de Jean-Marcel Castaing, Gujan-Mestras.)

Le casino mauresque. (Enfants Terribles, Arcachon.)

Fête au casino mauresque. (Enfants Terribles, Arcachon.)

Virginie, le temps des pêcheries

En 1921, le premier symbole de la grandeur d'Arcachon, l'hôtel Legallais à Eyrac, édifié en 1823, acheté par La Nouvelle pour y établir ses premières installations, fut entièrement démoli. Une véritable zone industrielle sur le front de mer d'Eyrac à l'Aiguillon continua à se développer. Une activité fiévreuse régnait dans tous les ateliers de mécanique, électricité, fabrication de moteurs... Les chantiers de constructions navales Bonnin et Auroux y avaient leur place, Couach agrandissait ses installations. Les pêcheries avaient remis en état ou renouvelé leur flotte de chalutiers, la pêche à la sardine était florissante, pinasses et sardiniers sortaient des chantiers, tant à Arcachon qu'à La Teste et Gujan.

On sortait enfin de la guerre. Ouvriers et marins se retrouvaient à la fin de la journée dans les petits bars qui se développaient aux alentours des pêcheries, lieux chaleureux et conviviaux. Les fabriques de filets, les criées de chaque pêcherie, les conserveries occupaient beaucoup de femmes. Virginie s'était fait une petite clientèle d'infirmières dans les familles, s'occupait avec Loïc de la coopérative où elle avait procuré du travail à beaucoup de femmes désemparées par le veuvage tout en s'occupant de son petit Hugues, qui avait fait le bonheur du jeune ménage. Elle entretenait d'excellentes relations avec Hélène et Auguste, son mari. Il poursuivait ses recherches à la Société scientifique où on construisait un aquarium, afin d'agrandir le champ des études sur la faune aquatique.

Virginie, privée de la tendresse de ses parents, rejetée par la mère de Guillaume, avait été très affectée par la mort de Reine, sa confidente et son soutien. Loïc était pour elle à la fois le père et le grand-père qui lui manquaient tant. La maison de Paule et Robert à La Teste lui était grandement ouverte et les enfants avaient accueilli avec joie ce nouveau petit cousin Hugues. En 1924, Loïc décida de partir au Guilvinec, son port natal, car une grève des ouvrières des conserveries de sardines venait de se déclarer à Douarnenez, tout proche. Virginie et toute la famille tentèrent de le dissuader de faire un si long voyage, ses soixante-quinze ans l'incitant à plus de prudence. Mais l'intérêt qu'il portait à tout ce qui concernait l'émancipation des femmes, dont Reine, et Virginie à présent, étaient les porte-parole, n'infléchirent pas sa décision : « *Ma place est aussi là-bas, avec les camarades bretons, c'est le même combat de toutes les femmes de marins. Reine les a vues au travail, ces* penn-sardine, *elle avait été bouleversée de ce travail à la chaîne inhumain.* »

Il en revint plus fort que jamais, conforté encore dans son combat pour la place de la femme dans la société, mais aussi dans la solidarité de toutes ces épouses de marins demandant la dignité dans le travail, partageant les mêmes angoisses d'une mer imprévisible, le même souci pour ce chef de famille trop souvent absent.

La Nouvelle continuait à faire construire des chalutiers modernes et ses efforts se portaient toujours sur les morutiers. Les premiers essais avaient conforté la société dans la rentabilité de cette pêche. En 1928 fut mis en service le premier chalutier à moteur français, pour une campagne de pêche à Terre-Neuve : le *Victoria*. Une véritable révolution dans ces pêcheries, toujours à l'avant-garde du progrès, tout à leur honneur aussi car elles faisaient vivre une grande partie de la population maritime de l'Aiguillon. Guillaume qui, depuis la guerre, avait fait des pêches régulières vers l'Espagne sur le *Suzanne-Céline* et sur les côtes atlantiques avec le *Roche Velen* fut pressenti pour s'embarquer sur ce navire de prestige. Grande fut sa joie, lui qui rêvait de repartir à Terre-Neuve, passionné autant qu'avaient pu l'être son père et son grand-père ! Il n'eut pas de peine à convaincre Virginie, malgré la présence du petit François venu agrandir la famille. Elle avait accepté la vie de Guillaume, elle savait qu'un jour arriverait ce grand départ qu'il connaissait déjà, mais la guerre, cependant, leur avait fait mesurer la gravité du danger. La mer seule restait l'ennemie, les bateaux étaient plus modernes, la TSF leur permettait de communiquer. L'expédition de Loïc et Pierri sur le *Sacha* leur revint alors en mémoire et ils réalisèrent le cauchemar vécu par Reine, sans nouvelles pendant des semaines.

Loïc voulut réunir la famille à Mestras avant ce grand départ, comme pour le *Sacha*. Les vieux avaient disparu. Loïc était le patriarche de la nouvelle génération, clairsemée hélas, mais qui regardait l'avenir avec confiance. Les enfants d'alors étaient parents à leur tour… Tous entouraient Virginie qui affrontait ce grand départ courageusement, encadrée par Guillaume et Loïc déplorant pour elle l'absence inconcevable de ses parents et d'Emilienne, qui s'était refusée à faire le déplacement, bravant la colère de son fils ! Le *Victoria* avait fière allure, accosté au ponton de La Nouvelle au moment du départ, dans ce frais matin de printemps, élégant, d'une bonne soixantaine de mètres de long. L'équipage s'affairait sur le pont. Les hommes avaient emmagasiné dans la soute un peu de charbon pour alimenter la petite chaudière auxiliaire qui aiderait peut-être à fournir de l'énergie supplémentaire ; on se méfiait, quand même, de l'électricité pour remonter le chalut et l'ancre. Le moteur français qui allait le propulser était la fierté du capitaine. Une cheminée plus petite avait remplacé les premières qui crachaient des fumées noires et âcres. Le patron des pêcheries surveillait ce départ avec toute l'attention particulière qui convenait à ce fleuron de la pêche arcachonnaise partant pour sa première pêche lointaine. Virginie, bravement, regardait le navire s'éloigner du ponton pour de longs, très longs mois…

Début septembre, le *Victoria* retrouvait la dune du Pilat et la tranquillité des eaux de la petite mer de Buch. Guillaume n'en finissait pas de raconter son extraordinaire aventure, le travail toujours aussi dur, bien sûr, mais l'atmosphère très particulière qui avait régné tout au long de la campagne, son bonheur de savoir qu'ils avaient eu des nouvelles tout au long des mois.

- Imaginez-vous, un journaliste était à bord ! Il prenait des notes sur notre travail, nous posait des questions…
- Un journaliste ? s'étonna Loïc, un vrai, tu es sûr ?
- Oui, il écrit dans un journal très connu, paraît-il, *Le Matin*. Le capitaine ? Un vrai gentleman, plein d'humour et d'attention et puis, avec nous aussi était un jeune novice, qui travaillait aussi dur que nous, mais il avait emporté un appareil photographique !
- Pas possible, s'exclamait Virginie. Tu as été pris en photo ?
- Oui avec l'équipage, mais je ne sais si nous verrons les photos un jour…
- C'est tout ? ajouta son frère, moqueur.
- Non, nous avons rencontré aussi deux autres chalutiers sur les bancs de Terre-Neuve, l'un d'Arcachon, l'autre de Bretagne, nous n'en croyions pas nos yeux ! Les capitaines sont montés à bord pour saluer le nôtre.
- Comment ont-ils fait pour monter dans votre bateau ? demandait le jeune François, intrigué.
- Ils avaient des petits bateaux qu'ils appelaient « doris » pour aller d'un chalutier à l'autre et qui les ramenaient sur leur navire.
- Une vraie aventure, conclua Loïc, je n'ai jamais fait de campagne dans ces conditions !
- Oui, une vraie aventure, mais les gars ont beaucoup travaillé, très dur, les mains pelées, les jointures des doigts saignaient souvent, on chantait pour se donner du courage, on dormait peu… mais la pêche a été bonne, des morues autant qu'on en voulait, à vous en donner la nausée, à décoller la peau, couper, mettre dans la glace… mais le patron était juste et avait de la considération pour chacun de nous, confirma Guillaume.

Une vraie aventure, comme disait Loïc, mais qui était une ouverture pour la vie de ces hommes durant six mois sans toucher terre !

Ce récit avait mis du baume au cœur de Virginie. Elle y voyait un peu plus d'humanité pour tous les marins, un peu moins d'inquiétude pour elle et toutes les femmes, moins de risques aussi avec des chalutiers de mieux en mieux équipés, des nouvelles le long du parcours qui les rassuraient.

La modernité qui commençait à envahir la vie de tous les jours, le téléphone, l'éclairage électrique dans la ville se retrouvaient dans l'équipement des chalutiers.

Le chantier Bossuet prospérait. La matière première ne manquait pas, il suffisait d'aller dans la forêt voisine choisir sur pied les pins gemmés qu'ils jugeaient bons pour la construction des pinasses. Jean-Pierre, le fils de Robert, baptisé ainsi en souvenir de son père et de son grand-père, d'une dizaine d'années environ, venait souvent rôder autour du chantier, passionné par ces bateaux en construction dont il ne manquait jamais une mise à l'eau et, quand il voyait le bateau voguer tout seul, pour la première fois, l'imagination héritée de son grand-père faisait voyager son esprit sur des îles lointaines, pleines de lumière, de fleurs et de cocotiers qu'il avait vus dans les livres...

Un jour, il fut abordé par un homme jeune, tout simple, qui venait d'acheter un vieux voilier au chantier :

- Eh ! petit, ça t'intéresse ?
- Oh ! oui monsieur...
- Tu vois, avec ce vieux voilier que je vais remettre en état, je voudrais partir tout seul pour rejoindre l'Argentine, mon pays natal.
- L'Argentine, c'est loin ?
- Oh ! oui c'est en Amérique, il faudra que je traverse l'Atlantique, je mettrai du temps, c'est sûr, mais j'y arriverai...
- Tout seul... mais pourquoi vous faites ça ?
- Pour rien, pour me prouver que j'en suis capable, viens me voir travailler, je t'expliquerai...

Et c'est ainsi que notre Jean-Pierre rencontra tous les jours ce marin nommé Vito[68], qui restait à demeure dans un coin du chantier mis à sa disposition par Bossuet. Il se passionnait pour son projet, suivait fébrilement l'avancée des travaux, consultait les cartes, cherchait les escales, rêvait de grands espaces. Vito et Jean-Pierre étaient devenus inséparables. Le 26 décembre 1931, quand son ami tenta, pour la énième fois, avec succès cette fois, de franchir les passes, remorqué par le sardinier le *Chat botté*, il était arrivé aux premières heures pour voir son fameux voilier, le *Legh*, sortir de son mouillage. Il assista à son départ, le cœur serré, agitant longuement sa main en signe d'adieu jusqu'à ce qu'il disparaisse dans les brumes lointaines. Bossuet et son père, passionnés eux aussi par ce projet - un peu fou pour l'époque - ne manquèrent jamais de lui rapporter fidèlement toutes les nouvelles qu'ils pouvaient obtenir sur l'aventure extraordinaire de ce premier navigateur solitaire qui traversait l'Atlantique. Il apprit ainsi qu'après quatre escales, courageusement, avec peu de vivres à bord, supportant des moments difficiles et craignant pour sa vie, il arriva enfin en Argentine le 13 avril 1932 où il fut sacré héros national ! Jean-Pierre fut toujours marqué et fier d'avoir été son ami, un ami si simple, si courageux, qu'il ne revit jamais, hélas ! Il avait porté loin les lettres de noblesse du chantier Bossuet. Bien des années après, en 1942, il apprit par les journaux qu'il avait réalisé un tour du monde, toujours en solitaire, sur des mers impossibles.

Les résultats obtenus par le *Victoria* furent tels que l'entreprise se lança presque dans le gigantisme puisqu'elle passa commande à Saint-Nazaire du plus grand et du plus moderne des chalutiers du monde : le *Marcella*. On confia la direction de ce chalutier au même capitaine qui avait été si apprécié par l'équipage du *Victoria*. Guillaume, particulièrement remarqué par le capitaine, fut appelé à nouveau pour cette longue campagne en 1933. Elle réussit pleinement et la famille, au retour, écouta bouche bée le récit de toutes ces nouveautés qui étaient vraiment uniques pour l'époque. Il avait trouvé une cale frigorifique où les morues, pendues à des crochets, étaient congelées par une pluie de saumure à - 12 °C. Au fur et à mesure de la pêche, le poisson était emballé dans des caisses en fer hermétiquement fermées et placées sur des étagères dans les cales et recevaient régulièrement une saumure à - 5 °C ! A l'arrivée, on avait constaté que les morues étaient d'une fraîcheur incomparable. Premier navire-usine, aussi, tous les résidus de la pêche étaient transformés en farine de poisson. Hugues et François écoutaient fascinés leur père qui racontait si bien

Chantiers Bossuet. (Enfants Terribles, Arcachon.)

ce qui les faisait rêver ! A son retour, pour la première fois, après toute cette modernité découverte à bord, la précarité des installations à Arcachon pour le déchargement des poissons, toujours les mêmes, construites par les sociétés de pêche elles-mêmes, faute de ports, le frappa grandement !

Alors que tous les grands ports de l'Atlantique étaient en pleine progression, avaient des bassins et des quais facilitant le déchargement du poisson, des entrepôts pour le charbon, pour la glace, les pêcheries d'Arcachon étaient toujours à la recherche de terrains à leur disposition, particulièrement pour le charbon, qui était encore le combustible principal des chalutiers ! Faute de terrains, la Société des Pêcheries de l'Océan eut l'idée d'acheter des vieux gréements de la Marine à voiles pour les transformer en parcs à charbon. Pendant plus de vingt ans, le *Jeanne d'Arc* et le *Duquesne*, qui avaient tous deux porté fièrement leurs voiles sur les lointains océans, profilèrent leurs deux silhouettes familières qui tournaient sur leur ligne de mouillage au gré des marées ou du vent, au large de l'Aiguillon. Tous les jours, des chalutiers venaient accoster à leurs flancs pour faire le plein de charbon avant de repartir en mer. Dès les années trente, quelques projets de port furent enfin agités périodiquement, mais ils arrivaient bien tard ! Les diverses sociétés de pêche avaient alors amorti leurs installations. D'autre part, toutes les industries annexes qu'elles avaient créées autour de leurs pêcheries étaient pour elles une source de bénéfices plus grande que la pêche et ces projets de ports n'auraient apporté aucune amélioration valable à leur situation financière. Il ne fut pas donné suite à ces projets.

En 1933, la Société nouvelle des pêcheries fut mise en liquidation, remplacée aussitôt par la Société nouvelle de gérance, évitant ainsi le licenciement de nombreux marins et employés. Le *Victoria* et le *Marcella*, qui avaient enchanté Guillaume et avaient fait rêver toute la famille au retour de ces deux expéditions, furent achetés par une autre compagnie qui s'installa à Bordeaux ! Guillaume repartit à la pêche sur les côtes atlantiques à bord du *Suzanne-Céline*, comme patron en second, une responsabilité nouvelle acquise par son sérieux et son contact plein d'humanité avec l'équipage, qui le remplit d'une fierté toute particulière. Toutes les pêcheries continuant à verser un salaire fixe à leurs employés, l'aide financière apportée à la famille par ses nouvelles fonctions fut particulièrement appréciée. Néanmoins, nos pêcheries se battaient toujours au milieu des difficultés. Elles perdaient du temps et de l'argent, puisque, tous les six mois, elles étaient obligées d'aller faire caréner[69] leurs bateaux dans les bassins de Bayonne ou de La Rochelle. Cela ne pouvait plus durer. C'est alors que les entreprises de pêche d'Arcachon s'associèrent pour acheter et exploiter ensemble un dock flottant vendu aux enchères à Alger. Le remorquage depuis Alger fut une véritable expédition ! Une fois de plus, les passes se montrèrent hostiles, brisant les amarres de ce dock géant à son franchissement ! Heureusement, le *Marie-Mad* qui partait en pêche, put apporter son aide indispensable au remorqueur ! Cette acquisition fut d'un intérêt primordial.

Dans ces mêmes années, une petite révolution allait changer la vie de tous les Français, comme celle de l'Aiguillon : la TSF, qui avait pris place sur les chalutiers, envahit les foyers ! Fini l'isolement, on apprenait ce qui se passait ailleurs, dans les autres villes, les autres pays, on écoutait les événements sensationnels, les nouvelles du gouvernement, on écoutait les chants à la mode... Cette nouveauté dans les foyers prit une telle place dans la vie familiale que l'on se demanda comment on avait pu vivre jusqu'alors sans sa présence ! Elle meublait les longues soirées des femmes seules, elle passionnait les jeunes, elle déconcertait les vieilles générations.

Loïc atteignait un grand âge. Il avait quitté la maison de l'Aiguillon et s'était définitivement retiré à Mestras où il vivait seul, bien entouré de ses voisins attentifs ! Il cultivait ses fleurs pour porter des bouquets au petit cimetière où il aimait méditer, dans la paix et le silence. Sur le banc qui avait été fabriqué pour Reine, il passait de longs moments à contempler les grandes étendues vertes des *crassats* sillonnés de canaux, recouverts par la montée insidieuse de la marée qui ramenait les bacs à moteur des ostréiculteurs ou les sardiniers au port. Quand le temps était beau, il prenait sa canne et son béret pour aller bavarder avec les pêcheurs qui rentraient :

- Bonne pêche, aujourd'hui ?
- Hélas, regarde, la semaine dernière j'en avais trois fois plus !
- Qu'est-ce qui se passe ? Elles n'aiment plus la *rogue* ?

Et il plaisantait ainsi, avec d'autres vieux qui, comme lui, vivaient leurs dernières années au milieu des cabanes, près des conserveries, déplorant que leurs forces les trahissent ! Il rentrait toujours avec quelques poissons, humbles cadeaux de ses « frères » plus jeunes. Et entre deux pierres, s'il faisait beau, entre les chenets de la cheminée sinon, la bonne odeur de grillade parfumée aux herbes, dont il avait le secret, aiguisait son appétit qu'il avait encore bon ! Le soir, il écoutait la TSF. Enfants et petits-enfants venaient fréquemment voir leur « granpa », c'était toujours une grande joie partagée. Virginie était souvent près de lui, attentive à sa santé, et ils causaient beaucoup tous les deux, se rappelaient tant de souvenirs heureux ou terribles qu'ils avaient vécus ensemble, Ils évoquaient tant de combats qu'ils avaient menés pour soutenir les marins en lutte, les femmes dans leur travail, les blessés gémissant de la guerre. Ils parlaient aussi des enfants, de leurs espoirs, de leur vie qui se dessinait. Loïc était toujours pour Virginie un soutien indéfectible et elle s'y raccrochait, jouissant le plus possible encore de son esprit toujours bien lucide. Elle l'accompagnait au port, ils bavardaient avec les pêcheurs étonnés et un peu inquiets : « *La sardine ne donne plus comme avant, cela nous chagrine !* » Et ils partageaient leur inquiétude, constatant avec amertume que beaucoup moins de poissons argentés frétillaient lorsqu'ils relevaient leurs filets bleus. Et chaque retour amenait les mêmes constats : il fallait se faire une raison, les sardines désertaient la côte ! Fantaisistes et migrantes, elles avaient sans doute trouvé un autre coin d'Océan, plus attirant pour elles ! Peu à peu, les petits ports, si colorés, si animés, vivant au rythme des sirènes des conserveries, perdirent de leur activité. Ces usines avaient trop de main-d'œuvre pour la quantité de poissons et les femmes, les premières, furent touchées par le chômage. On ferma une usine, puis deux… L'ostréiculture, heureusement, était en plein essor et les chalands qui rentraient des parcs le soir constataient avec tristesse que les flottilles des sardiniers étaient beaucoup moins nombreuses au fil des jours.

Ce dimanche d'août 1936, les voisins de Loïc n'entendirent pas claquer ses volets au lever du soleil, comme d'habitude. Le jardin était plein de fleurs, mais Loïc ce matin-là ne les visita pas, comme il le faisait chaque matin, coupant les fleurs fanées, arrachant les mauvaises herbes « *qui envahiraient tout si je n'avais pas l'œil* » comme il disait. Ils appelèrent, un peu inquiets, puis ouvrirent la porte qu'il ne fermait jamais à clé. La cuisine était soigneusement rangée comme toujours. Loïc était méticuleux, il ne se serait jamais couché sans ce rituel car il aimait « *retrouver tout en place au réveil pour commencer une nouvelle journée* ». Ils frappèrent doucement à la porte de la chambre, mais, sans réponse, ils ouvrirent, le cœur battant. Loïc, apaisé, semblait dormir… mais non, la mort l'avait saisi dans son sommeil, sans souffrances apparentes, comme il l'aurait souhaité sans doute.

La maison voisine avait le téléphone et, connaissant l'attachement qui liait Loïc à Virginie, elle l'appela avec beaucoup de ménagements pour lui annoncer qu'il avait quitté ce monde. Il avait quatre-vingt-cinq ans. Un grand chagrin frappa toute la famille. Loïc, ce « granpa » si fort qu'on le croyait indestructible, si tendre avec tous, ne serait plus jamais avec eux ! Virginie était effondrée. Jean-Pierre était au service militaire, Guillaume était en mer. Robert soutint sa mère. Il savait que sa peine était immense. Emilienne les avait accompagnés à la surprise de tous et, devant ce lit où Virginie laissait éclater son chagrin, elle la serra contre elle et Robert vit Emilienne, pour la première fois, consoler Virginie en l'appelant « sa fille ». Celle-ci se laissa aller dans ses bras comme elle aurait souhaité le faire depuis si longtemps ! Au petit cimetière de Mestras, à côté de la lignée des Mora défunts, les noms de Reine et de Loïc Le Garrec furent accolés pour l'éternité et l'on vit souvent, en cette fin d'été 1936, Virginie, Guillaume et la famille se relayer pour cueillir les fleurs du jardin que Loïc soignait avec amour. Les petits bouquets déposés avec ferveur sur la dalle funéraire furent autant de preuves de reconnaissance, de souvenirs émus pour ce « granpa » venu un jour de sa Bretagne rocailleuse pour chercher l'apaisement au pays des dunes blondes. Comment séparer ces deux êtres qui, de leurs chagrins respectifs, avaient fait jaillir la force et le courage pour apaiser celui des autres, pour soutenir les plus faibles, partager les angoisses de tous et offrir à chacun conseils et soutiens inestimables ?

L'automne arriva, les premières froidures déshabillèrent le petit jardin de sa parure, on ferma la maison pour l'hiver. Virginie souffrait de ne plus pouvoir partager les victoires sociales pour lesquelles elle s'était battue : les syndicats reconnus légitimes en France l'année même de la mort de Loïc, les coopératives maritimes de vente qui prenaient leur essor, la création du Crédit maritime mutuel qui allait ouvrir des perspectives d'avenir aux jeunes marins désireux d'avoir leur propre bateau ! Déjà, des petits chalutiers à moteur étaient mis en service et une nouvelle entreprise vit le jour, l'APAM qui créa sa propre criée, syndicale, alors qu'une criée municipale n'existait toujours pas !

Quand la radio, de plus en plus souvent, distillait des nouvelles de l'Allemagne, quand le poste vibrait aux discours d'un certain Hitler, dans une langue barbare qui vous glaçait le sang, quand le martèlement des bottes teutonnes scandait l'Allemagne en marche… Virginie se disait que Loïc n'aurait pu supporter une nouvelle fois la folie des hommes. Avec qui à présent partager ses angoisses ? Quand Guillaume était en mer, Emilienne, sincère, mais maladroite dans ses élans nouveaux envers Virginie qu'elle avait trop longtemps refusée, ne lui était pas d'un grand secours. A La Teste, elle partageait ses craintes avec Hélène et Paule devant cette Allemagne menaçante, mais toutes les trois se refusaient à penser que, vingt-cinq ans après, les enfants, après leurs pères, vivraient les mêmes drames. Et la vie continuait, les trois pêcheries avaient les résultats les plus heureux qu'ait connu l'armement industriel arcachonnais.

Guillaume gagnait bien sa vie, Hugues débutait sa carrière de marin avec lui, la vente du poisson prospérait avec l'Espagne surtout, en pleine guerre civile. Barcelone, particulièrement, achetait de très grosses quantités de poissons et même les stocks de conserves de la région. Jean-Pierre avait fait son apprentissage de charpentier de marine au chantier Bossuet, aux côtés de son père et, après avoir effectué son service militaire, il travaillait maintenant au chantier naval de La Teste. François avait déjà effectué quelques campagnes comme novice et s'apprêtait à une nouvelle campagne comme mousse sur le *Courlis* avec son cousin Michel. Les deux fils d'Hélène et Auguste Rousseau, mariés tous les deux, travaillaient dans des pêcheries différentes : Marc, le plus jeune, était matelot à La Nouvelle et Michel était resté fidèle aux Pêcheries de l'Océan, toujours bien vivantes depuis leur fondation en 1863. Les filles de la famille, nouvelle génération émancipée, gagnaient leur vie elles aussi. Mélanie Castaing, la fille de Robert, était institutrice à La Teste et Louison Rousseau suivait la voie de son père à la Société scientifique d'Arcachon. La vie de ces jeunes familles s'ouvrait, heureuse et pleine de promesses d'avenir. Arcachon était le troisième port de l'Atlantique en France après Lorient et La Rochelle.

Hélas ! L'inquiétant martèlement lointain des bottes teutonnes s'amplifia soudain et devint une réalité effrayante. L'Allemagne envahissait le nord de l'Europe et menaçait la France ! Les peurs se réveillèrent avec l'angoisse de la mobilisation. Ce n'était pas possible ! Mais la frontière était fortifiée à présent, notre ligne Maginot bien équipée saurait résister à la horde d'envahisseurs qui osait revenir narguer notre peuple ! Et en ce mois de septembre 1939, les Français mobilisés partirent, la rage au cœur, pour stopper, ils en étaient sûrs, la marche diabolique ! Fantassins, fusiliers marins[70], tous prirent la route vers nos frontières. Ce furent les mêmes déchirements dans les familles, le couperet tombait, implacable : mobilisation de tous les hommes valides de dix-huit à quarante-cinq ans ! Les chalutiers, comme en 1914, se trouvèrent au cœur de la guerre. La plupart furent réquisitionnés comme patrouilleurs ou dragueurs de mines, les autres furent affectés au ravitaillement de la population arcachonnaise. Le *Suzanne-Céline* fut envoyé sur les côtes de l'Atlantique et Hugues réquisitionné avec l'équipage. Guillaume, trop âgé, resta à terre. On réinstalla sur les chalutiers les vieilles dragues qui dataient de la guerre précédente. A l'Aiguillon, les retraités reprirent à nouveau du service sur les chalutiers et les sardiniers non réquisitionnés : il fallait continuer à vivre. Virginie, Paule et Hélène, désespérées, virent partir leurs gars comme elles avaient vu partir leur mari en 1914 ! François, qui n'avait pas encore dix-huit ans, décida de s'engager volontaire. Ses parents, très angoissés, respectèrent néanmoins son choix. Emilienne, leur grand-mère, traumatisée, perdait ses repères dans ce nouveau bouleversement de sa vie ! Jean-Pierre rassurait sa femme et lui confiait ses jeunes enfants : *« Nous reviendrons vite… On les aura ces boches ! »*

Michel et Marc, les deux marins de la famille Rousseau, réquisitionnés eux aussi sur les unités de leurs pêcheries respectives, confièrent à leur tour femmes et enfants à leurs parents et grands-parents. La radio égrenait les nouvelles du front. Les postes grésillaient à longueur de journée dans les foyers, les journaux publiaient tous les jours les lignes de déplacement des armées. Mais les nouvelles, hélas, n'étaient pas celles que l'on attendait. Au bruit des bottes s'ajouta très vite l'écho du tonnerre des divisions *Panzer* allemandes qui déferlaient avec force chars et infanterie, ils franchissaient la Somme, les portes de Paris n'étaient pas loin !

La panique s'empara de la population. L'exode s'amorçait, les gens fuyaient devant l'invasion en de lamentables défilés sur nos belles routes de France où le printemps explosait ! L'oreille aux aguets, on attendait des nouvelles des soldats. Le mot *prisonnier* hantait les familles, on voulait croire qu'ils n'étaient pas tous prisonniers mais où étaient passés les autres ? Et l'incroyable se produisit : les Allemands aux portes de Paris, le gouvernement se réfugia à Bordeaux ! Et dans cette horde pitoyable qui fuyait, on découvrit, compagnons d'infortune, nos premiers soldats français dépenaillés, ivres de fatigue ! L'armée française en complète déroute cherchait à regagner ses foyers par ses propres moyens ! Et l'on apprenait le désastre : les milliers de prisonniers aux mains des Allemands, une évacuation faite vers l'Angleterre, à Dunkerque, sous un déluge de bombes, beaucoup de morts et de blessés... et ceux qui avaient pu s'enfuir essayaient de rentrer chez eux.

A l'Aiguillon, Guillaume, à bord du sardinier *P'tit Jacques*, travaillait double avec des retraités pour remplacer les absents et les pêches fructueuses approvisionnaient en priorité la population privée de ses hommes ! De retour ce soir-là, fatigué et anxieux, il ouvrit la porte de sa maison et une émotion terrible l'assaillit : François était là, affalé sur une chaise, sale, barbu, la tête sur le bras replié au bord de la table, il était vivant ! Mais ce qu'il vit dans les yeux de son garçon quand il leva la tête l'effraya : une infinie tristesse, une désolation qui noya de chagrin son cœur de père ! Virginie accourut à la nouvelle qui avait déjà fait le tour du quartier, trouva le père et le fils enlacés, en larmes ! Leur petit gars, la rage au cœur, engagé volontaire pour défendre son pays, humilié, honteux d'une débâcle sans nom, revenant, seul, après des journées de marche épuisante. Il avait côtoyé et soulagé au mieux toute la misère sur les routes de l'exode bombardées par l'armée allemande. Et les parents découvraient son enfer, les derniers combats acharnés, les prisonniers, les blessés, les morts qu'il fallait laisser, sa fuite parce qu'il ne voulait pas se rendre ni subir cette humiliation !

- Et Hugues, Jean-Pierre, Marc, Michel ? Des nouvelles ?
- Non, rien, tu es le premier...

Et quelques jours plus tard, le 17 juin 1940 exactement, l'annonce à la radio de la capitulation de l'armée française, que François écouta, les poings serrés, le visage dur, entouré de ses parents impuissants à calmer la révolte de leur fils !

Virginie avait retrouvé François, mais aucune nouvelle de Hugues et de son unité ! L'attente commençait... Le 20 juin, une lettre de l'hôpital militaire de Bordeaux informait monsieur Castaing Robert que son fils Jean-Pierre, blessé dans les combats des Ardennes, était soigné dans ses services. Et dans la cohue indescriptible de Bordeaux, envahi de réfugiés, dans l'embouteillage monstre de la circulation encombrée de milliers d'automobiles surchargées de bagages, Robert et Paule réussirent à atteindre cet hôpital où régnait, là aussi, la plus incroyable improvisation. Après maintes indications plus contradictoires les unes que les autres, ils purent enfin se pencher sur leur fils, qui était là depuis quelques jours, sans nouvelles de la famille, mais bien soigné d'une blessure à l'épaule en bonne voie de guérison. Ils eurent même la permission de le ramener à la maison et, après sa convalescence, il put rejoindre son père très vite sur le *Pt'it Jacques* pour ravitailler la population. Le 22 juin, l'*Emile Marie* rentrait au port d'Arcachon, fuyant l'ennemi. Marc Rousseau était à bord, à la grande joie de toute la famille ! Le soir même, plusieurs autres chalutiers fuyards rentraient aussi au port… les familles, soulagées, accueillaient leurs marins, sauvés ! Michel, le frère de Marc était parmi eux…

François et ses parents attendaient, en vain, l'angoisse au cœur, le retour du *Suzanne-Céline* !

Le 27 juin, les Allemands entrèrent dans Arcachon. Plus aucun chalutier ne revint au port ! Les familles de marins réquisitionnés allaient vivre de longs mois dans l'attente de nouvelles. Les Allemands s'installèrent sur le territoire comme une hydre tentaculaire. A La Teste, place Jean Hameau, ils occupèrent une des plus anciennes et des plus riches maisons de la commune, l'Aiguillon ne les intéressa pas particulièrement, l'habitat y était si pauvre ! En revanche, ils trouvèrent à Arcachon tout le luxe qui convenait à l'état-major de l'occupant vainqueur. Tous les grands hôtels furent réquisitionnés ainsi qu'un nombre considérable de belles villas et pensions de famille. Ils eurent l'embarras du choix pour faire la sélection parmi les villas équipées de tout le confort moderne ! Le drapeau rouge à croix gammée flotta sur le siège de la *Kommandantur* face à la mairie. Aux Abatilles, près du cimetière, des baraquements de bois furent construits pour loger les soldats.

Les Arcachonnais, éberlués, côtoyaient ces hommes verts qui commençaient à envahir les riches boutiques regorgeant de victuailles, s'empiffrant de pâtisseries et de fruits avec une indélicatesse totale qui choqua la bonne bourgeoisie ! Un couvre-feu sévère fut imposé à la population tandis que les hôtels réquisitionnés étaient éclairés toute la nuit, volets et fenêtres grands ouverts. Il firent plage commune avec les Arcachonnais durant cet été 1940 où, short noir et torse nu, ils entretenaient leur forme physique par de longues séances de gymnastique, retournaient à leurs baraquements par les rues d'Arcachon en défilés impeccables, scandés par des chants de marche réglés à la perfection. S'ils n'occupaient pas les maisons de l'Aiguillon, on les voyait beaucoup aux pêcheries, très intéressés par cette flotte de chalutiers et de sardiniers, en pleine prospérité : les pêches étaient abondantes et variées. Ils commencèrent par ordonner le retrait de tous les canons dont étaient munis les chalutiers depuis 1884. Ils fixèrent les quotas de pêche : une grande partie pour nourrir l'armée d'occupation, le reste pour la population. Restrictions drastiques sur le charbon, le fuel, l'essence : priorité aux véhicules militaires. Si l'on ajoute l'heure allemande imposée avec deux heures d'avance sur le soleil, qui bouleversait les horaires d'entrée et de sortie des chalutiers, on comprit très vite que l'on allait vivre des jours d'une extrême dureté et qu'il ne fallait attendre aucune complaisance de l'armée occupante. L'exode avait déferlé sur la France avec ses milliers de soldats qui s'échappaient mais beaucoup manquaient à l'appel. Morts dans les combats ou prisonniers de guerre ? L'angoisse était terrible ! On devinait la complexité de la vie qui attendait les Arcachonnais avec l'invasion de leur ville.

Cela se vérifia avec l'apparition des cartes d'alimentation qui régentèrent la quantité de nourriture allouée à chaque Français. Mesure des plus impopulaires qui sema la consternation et la colère de la population. Ce fut la porte ouverte au trafic, au marché noir où les riches achetaient à prix d'or les denrées essentielles ! Mesure vécue comme une humiliation de plus, et qui engendra les premiers actes de résistance contre cet occupant de plus en plus impitoyable. Cela commença à Arcachon par des lacérations d'affiches de propagande allemande, des diffusions de tracts, actes contre lesquels les Allemands, soutenus par le gouvernement de Vichy, hélas, ripostèrent par des mesures de répression. C'est dans cette atmosphère lourde et suspicieuse qu'arrivèrent les premières nouvelles des soldats absents. Les prisonniers purent faire savoir qu'ils étaient dans des camps, en Allemagne, les Stalags, et donnaient adresses et numéros où l'on pouvait les joindre. L'espoir de Virginie naquit à nouveau et elle attendit. Rien, toujours rien ! Les horreurs des blessés sanglants de Saint-Elme au milieu desquels elle avait vécu durant la première guerre mondiale hantaient son esprit.

Une curieuse guerre de radio s'installa au fil des jours. Radio Paris, la radio gouvernementale, distillait à longueur de journée les ordres de Vichy et les appels à la dignité, au respect des occupants et, le soir, François avait fait découvrir à la famille la voix lointaine, couverte par un bruitage lancinant, de Radio Londres, qui incitait les Français à la résistance à l'ennemi. Radio interdite par l'occupant bien sûr mais, en sourdine, à l'affût de quelques bruits de bottes dans la rue, pendant le couvre-feu, les familles écoutaient. Virginie comprit très vite les activités résistantes de François, et n'en fut pas surprise car ses absences, le soir, la nuit, à pied, à vélo, ses silences l'avaient intriguée. A la fois admirative et rongée d'inquiétude, elle mesura les dangers qu'il courait : les dénonciations, les délations nombreuses, les Allemands de plus en plus méfiants, obnubilés par un débarquement anglais et qui construisaient sur nos côtes force blockhaus pour parer à toute éventualité. Ils venaient de décréter zone interdite la bande côtière le long de l'Atlantique, dans laquelle on ne pouvait pénétrer qu'avec un laissez-passer délivré par les autorités allemandes ! Les familles des pêcheurs de l'Aiguillon vivaient dans la peur, la faim, comme beaucoup de Français. Mais à cela s'ajoutait le danger couru à chaque instant par leurs hommes naviguant au milieu des mines, raclées souvent par les chaluts, explosant à la remontée ou sur le pont des bateaux. Des drames se succédaient, des équipages entiers coulaient avec les chalutiers ! Virginie faisait face avec tout son courage à l'angoisse pour ses trois hommes, chacun menacé de l'imprévisible.

Et puis, un jour, une lettre portée par le facteur... une enveloppe froissée, sale, difficile à déchiffrer, à la provenance illisible. En l'observant de plus près, une date ! Une date : 13 août 1940... deux ans s'étaient écoulés ! François était à ses côtés, et ils découvrirent ensemble, tremblants et émus, un petit billet griffonné par Hugues : « *J'envoie ce petit mot comme on jette une bouteille à la mer, je ne sais si vous le recevrez. Ne vous inquiétez pas pour moi, nous ne voulons pas nous livrer à l'ennemi. Trop tard pour faire la route jusqu'à Arcachon. Nous regagnons l'Angleterre où nous serons à l'abri et nos bateaux sauvés. Plusieurs chalutiers ont pris la même décision. Je ne sais quand je vous reverrai. Votre fils qui vous aime, Hugues.* »

Ils se regardèrent. Fallait-il se réjouir ? Deux ans les séparaient de cette missive. Etaient-ils arrivés en Angleterre ? Tant de questions sans réponses, mais ils voulurent garder confiance et une bouffée d'espoir les submergea malgré tout.

Virginie rejoignit bientôt François dans la Résistance et cette complicité mère-fils, au mépris des dangers, sous la menace constante d'une dénonciation, d'une arrestation, sans aucun contact avec la famille, fortifia grandement une admiration réciproque. Pour Virginie, une tension constante de l'esprit l'empêchait de penser sans cesse à l'absence de Hugues ou à Guillaume sur son bateau menacé à chaque instant de périr sous l'explosion d'une mine ! Elle était toujours volontaire pour transporter des tracts, documents et journaux, pour livrer des pâtés de sardines qui apaisèrent bien des faims à Arcachon et à Bordeaux et qui recelaient parfois des documents confidentiels glissés adroitement à l'intérieur des paquets. Les cartons prenaient la direction de la gare d'Arcachon ou de La Teste où quelques cheminots complices les acheminaient jusqu'à Bordeaux pour être tous récupérés par de vaillants p'tit gars.

En 1942, la menace redoutée s'abattit sur la famille ! L'*Emile Marie* sauta sur une mine le long de la côte landaise près du lac d'Hourtin à proximité d'autres chalutiers ! Marc Rousseau faisait partie de l'équipage des dix hommes qui disparurent sans laisser de trace. Seul le chien du bord fut retrouvé vivant ! Et au petit cimetière de Mestras, le nom de Marc Rousseau, perdu corps et biens sur l'*Emile Marie*, fut gravé aux côtés de ceux de son grand-père et de son oncle, Valentin et Jean Mora, disparus eux aussi corps et biens sur le *Héron* en ce début de siècle ! La famille Mora payait un lourd tribut dans la grande aventure des chalutiers arcachonnais.

Quelques mois plus tard, un autre épisode douloureux allait marquer les esprits à l'image des considérations de chacun dans cette guerre qui n'eut jamais sa pareille dans l'histoire du pays ! Deux chalutiers de la Société Cameleyre, le *Princesse Marie-José* et le *Jules Pierre*, furent mitraillés et coulés par l'aviation alliée ! Erreur tragique ou acte délibéré de la Résistance de

Soldats allemands à bord des chalutiers. (Enfants Terribles, Arcachon.)

Londres pour atteindre des bases allemandes en France ? L'événement fut commenté par *L'Avenir d'Arcachon*, accréditant la thèse de l'acte délibéré. Le curé de Saint-Ferdinand, lui, parlait de crime sans excuse, à l'encontre de braves pêcheurs pacifiques, d'odieuse agression commise en dépit des lois élémentaires d'humanité. Tandis qu'à la liste des personnalités présentes à la cérémonie, on pouvait lire dans ce journal : « [...] *L'armée d'occupation, dans un beau geste de solidarité humaine, a délégué quelques-uns de ses plus brillants officiers...* » Vingt-six familles de marins-pêcheurs pleurèrent longtemps maris, fils ou frères.

A partir de cet épisode et de bien d'autres bombardements de la RAF[71], au camp de Cazaux et sur les bases allemandes, les occupants d'Arcachon, effrayés, éteignirent leurs grands hôtels la nuit et changèrent très souvent leurs lieux de repos nocturnes, à la grande satisfaction des résistants de la commune. Cette même année 1942, les terreurs de Virginie se réveillèrent : le sardinier de Guillaume fut balayé dans les passes par une vague énorme. Le patron réussit à redresser son bateau et mit tout en œuvre pour sauver ses hommes, mais trois marins avaient été emportés. Guillaume, heureusement, se trouvait parmi les rescapés ! Dès le lendemain, il reprenait sa place dans l'équipage. Le Service du travail obligatoire en Allemagne, de sinistre mémoire, n'épargna pas nos marins arcachonnais. Les bombardements anglais faisaient d'énormes dégâts dans les ports allemands de la mer du Nord, cinquante inscrits maritimes d'Arcachon, de Gujan et de La Teste furent envoyés d'office à Hambourg pour reconstruire le port totalement détruit. Beaucoup, hélas, ne revinrent pas de cette terrible équipée. A partir de cette date, François « prit le maquis » comme on disait, afin de ne pas tomber sous l'obligation de ce travail en Allemagne. Virginie ne put qu'approuver sa décision, mais trembla pour sa vie à chaque action de résistance signalée : parachutages et transport de matériel anglais, sabotage de pylônes éléctriques à Facture, déraillement d'un train à Lamothe, sabotage de camions de l'organisation Todt (organisation allemande qui construisait des blockhaus sur les côtes), de l'usine de Facture. Et tant d'autres qui rendaient les Allemands de plus en plus nerveux et répressifs. Radio Paris clamait son indignation pour tous ces actes de *« traîtres à la patrie »*, tandis que Radio Londres félicitait toutes les actions des maquisards, ces combattants de l'ombre, comme on les appelait. Radio Londres distillait sa petite musique sur un air que Virginie fredonnait en cachette : *« Radio Paris ment, Radio Paris ment Radio Paris est allemand (bis). »*

Cependant, la blessure enfouie au fond de son être, le rejet de ses parents faisait surface en ces jours difficiles de l'Occupation, elle voulait s'enquérir de leur santé, de leur vie, savoir s'ils n'avaient pas de difficultés de combustible, de ravitaillement. Prête à les aider et à surmonter sa rancœur, elle se présenta à leur maison. Elle les trouva certes vieillis, toujours très élégants et soignés, mais quand ils s'effacèrent avec ostentation devant un officier de l'armée d'occupation sortant de la maison, bardé de médailles, elle préféra repartir sans qu'ils ne fassent un geste pour la retenir. Ce fut une terrible humiliation, dont elle n'était pas responsable bien sûr.

Quelques prisonniers français étaient revenus des Stalags au début de l'Occupation, quand les autorités allemandes proposèrent, à grand renfort d'affiches de propagande, de libérer des prisonniers en échange de Français qui partiraient en Allemagne pour travailler dans les usines militaires manquant de main-d'œuvre. Quelques étranges communiqués furent publiés par *L'Avenir d'Arcachon*, tel que celui-ci : *« Travailleurs : une petite causerie sur les avantages que procure un engagement pour aller travailler en Allemagne et sur les conditions de vie des ouvriers et ouvrières de France là-bas sera faite à Arcachon, chaque mercredi, de 10 heures à 13 heures, à la mairie. Vous y êtes tous invités. »* Ces communiqués laissèrent perplexe la population arcachonnaise. Mais l'échange n'ayant pas eu grand succès, les Allemands instaurèrent un Service du travail obligatoire pour tous les oisifs, sans distinction de sexe, dans une tranche d'âge bien définie.

La guerre se poursuivait, les Allemands occupèrent bientôt toute la France. On apprit en 1944 que le général de Gaulle avait installé un gouvernement provisoire à Alger et le cœur des pêcheurs battit très fort lorsque, par le canal de la Résistance, on sut que beaucoup de chalutiers de la Manche, de Bretagne réussirent à passer en Méditerranée pour rejoindre la France libre et se mettre sous les ordres du Général. Ils poursuivirent, sur les rives de cette mer qu'ils découvraient, le ravitaillement en poisson des populations et des armées alliées d'Afrique du Nord.

C'est dans cette période terrible de 1944, une nuit où le couvre-feu total régnait sur la ville, où la lune jouait sur la mouvance des eaux à l'Aiguillon que, l'oreille collée sur le poste de radio pour tenter de saisir quelques bribes de Radio Londres, Virginie et Guillaume perçurent un léger bruit dans la petite cour arrière de leur maison. Ils furent glacés de peur. Un léger coup timide à la porte, et une voix étouffée prononça : « *C'est moi, Hugues.* » Dans l'entrebâillement de la porte, il se glissa très vite, referma aussitôt pour éviter tout rai de lumière et le trio, ne pouvant contenir son émotion, resta enlacé de longues minutes. Quatre ans de séparation et il était là, près d'eux, barbu, méconnaissable mais bien vivant ! La Résistance française, bien en place à Londres, lui avait donné sa chance de retour au pays. Un parachutage d'armes dans la région d'Arcachon était prévu. S'il était volontaire pour accompagner le pilote, et si l'opération réussissait, il aurait bien mérité ce retour au pays. Tout s'était bien passé, une petite camionnette attendait près du terrain balisé par de faibles lumières, les armes déchargées et, tandis que l'avion repartait, tous feux éteints au décollage, la camionnette avait alors acheminé les armes sans encombre et avait ensuite déposé Guillaume à l'Aiguillon. Incroyable manœuvre dans une incroyable guerre où les actions les plus folles semblaient tout à fait normales ! Des journées de précautions infinies suivirent, il fallait à tout prix éviter une dénonciation qui l'aurait conduit au poteau d'exécution, les Allemands aux abois n'hésitant pas à éliminer ces « traîtres » qui déjouaient de plus en plus leurs projets ou détruisaient leurs installations. Pour ne compromettre personne dans le quartier, et ses parents en particulier, il prit à son tour le maquis et se fondit dans l'armée de l'ombre.

Le débarquement du 6 juin en Normandie attisa la haine de l'occupant, les actions des résistants se multipliaient. La libération de Paris, puis celle de Bordeaux étaient dans toutes les têtes. Des bruits couraient, pleins d'espoir. La BBC et Radio Londres avaient, paraît-il, diffusé le message codé destiné à la Résistance d'Arcachon ! Le 22 août, plusieurs voitures de résistants locaux passèrent, portant un brassard au sigle inconnu jusqu'alors mais qui allait vite devenir familier : FFI (Forces françaises de l'intérieur). Des explosions retentirent, suscitant un mélange d'espoir fou et de terreur. En effet, avant de partir, les Allemands détruisaient tout ce qu'ils pouvaient pour laisser le vide derrière eux : le dock flottant ramené d'Alger avec tant de difficultés sauta ! La station radioélectrique de Croix d'Hins subit le même sort et ne fut plus qu'un champ de ruines, le phare du Cap-Ferret disparut du paysage, c'était la folie ! Le maréchal Rommel, très amoureux d'Arcachon, y avait fait venir son yacht particulier. Les Allemands le sabordèrent pour que les Français ne puissent s'en servir. Renfloué en 1946, remis en état, il fut transformé en bateau de pêche ! Au bout d'une journée, les FFI se répandirent dans les rues d'Arcachon. François et Hugues n'étaient pas les derniers à l'Aiguillon et des familles retrouvaient leurs hommes, disparus un jour dans le plus grand mystère et revenus aujourd'hui, bien en vie et fêtés en héros. D'autres, hélas, ne les revirent jamais !

La joie délirante de la libération d'Arcachon le 24 août 1944 fut suivie d'un climat délétère de règlements de comptes, de justice sommaire rendue par un comité de résistants pour châtier les collaborateurs et les pétainistes, tandis qu'à Paris, la Haute Cour de justice était instituée pour juger les traîtres. Le retour des prisonniers de guerre des Stalags fut salué avec joie. Cinq ans d'attente avaient été infligés aux familles ! Les inscrits maritimes envoyés à Hambourg en 1943 revinrent en 1945, mais les rangs étaient bien clairsemés ! L'armistice et la capitulation allemande furent décrétés le 8 mai 1945. Une longue période de restrictions de toutes sortes commença. La France sortait exsangue. L'Aiguillon comptait ses marins morts ou disparus, une soixantaine manquaient à l'appel, une quinzaine de chalutiers ne rentrèrent pas à leurs pêcheries respectives.

En 1945, on découvrait avec horreur les camps de la mort. Les noms de quelques résistants arcachonnais, arrêtés un jour par la Gestapo et jamais revus, figuraient dans la longue liste des martyrs. A Arcachon, le 18 mai 1945, monsieur de Gracia fut élu maire. L'avenue qui conduit du château Deganne à la gare, appelée au début du siècle avenue du Château, baptisée durant l'Occupation avenue du maréchal Pétain, devenait, cette même année l'avenue du Général de Gaulle. A La Teste, la statue de Jean Hameau allait pouvoir reprendre sa place : les Allemands l'avaient fondue en 1942, mais la municipalité avait obtenu d'en faire un moule auparavant.

Si les sirènes des chalutiers avaient longuement salué la fin des hostilités, les difficultés du moment ne s'arrêtèrent pas pour autant. Autour de Cazaux, les forêts étaient infestées de mines et l'on déplora la mort de volontaires engagés dans le déminage. A l'Aiguillon, dans leur délire de destruction, les avions allemands avaient bombardé la drague. La première tâche fut de faire appel à des entreprises privées pour lutter contre l'envasement. Pendant la guerre, l'absence de ports et les maudites passes n'avaient plus été les soucis majeurs des pêcheurs, ces derniers devant faire face en priorité à l'avitaillement nécessaire pour vivre au jour le jour : charbon, mazout, pneus pour les camions, huile… Mais, la paix revenue, les difficultés se retrouvaient, toujours

Statue de Jean Hameau, La Teste. (Richard Lahaye, collection particulière.)

les mêmes : pas de quais ni de rades, les passes étaient toujours dangereuses, apportant leur lot de naufrages. Le dock flottant était coulé sans espoir de renflouement. Les pêcheries avaient subi des pertes sévères. La Nouvelle passa commande de cinq chalutiers fonctionnant au fuel pour compenser les pertes. Il fallait ainsi récupérer les chalutiers qui s'étaient réfugiés sur les côtes anglaises. On utilisa les compétences, le talent et le courage d'un convoyeur chevronné qui organisa le rapatriement de toute la flotte vers la France. Ce fut un temps fort pour lui et les marins qui effectuèrent ce retour difficile de jour et de nuit, affrontant la houle, la brume, mais apprécièrent les clignotements des phares… Un grand moment d'émotion aussi à l'Aiguillon quand Hugues retrouva le *Suzanne-Céline* comme un ami que l'on revoit après une longue absence. Malheureusement, ces chalutiers étaient peu utilisables, le charbon manquait, celui qui restait était de mauvaise qualité, les mines anglaises fermaient peu à peu, on sentait bien que le charbon était d'un autre siècle et qu'il fallait vivre avec son époque, équiper anciens et nouveaux bateaux de moteurs diesel alimentés au mazout ou au fuel.

Virginie se remettait lentement de cinq années d'anxiété, d'émotions, de peur, de clandestinité… Elle avait vécu à plein les deux dernières années de guerre, s'était dépensée sans compter pour les siens. Elle avait apaisé les derniers jours d'Emilienne qui n'avait pas eu la joie de voir le retour de Hugues ! Cependant, elle vécut mal cette Libération, ces dénonciations, ces noms jetés en pâture à la vindicte publique dans cette soif de vengeance et de règlements de comptes, car elle tremblait toujours à l'idée d'entendre le nom de ses parents ! Puis le temps s'écoula, les tensions s'apaisèrent. Guillaume avait l'âge de la retraite. Ses fils avaient retrouvé sans difficulté une place de matelot à La Nouvelle sur les nouveaux chalutiers équipés au fuel. Ils appréciaient l'environnement plus propre des pêcheries, débarrassé de la poussière de charbon qui s'infiltrait partout autrefois. Guillaume, souvent à La Teste, aidait Robert à transformer la maison qu'il occupait, la maison Castaing, celle de Jules et Marie leurs aïeux résiniers, maison qu'ils voulaient absolument conserver pour leur descendance, au même titre qu'ils rénovaient la maison de Mestras, celle des aïeux Mora et de leur grand-mère.

A La Teste, les maisons n'étaient plus isolées depuis la fin de la guerre, de nouvelles constructions avaient vu le jour, de jolis pavillons sans prétention, mais confortables avec de grands terrains et d'un prix beaucoup moins élevé ! Guillaume aimait passer du temps dans la famille Dupouy qui, de génération en génération, avait vu disparaître la tradition de marin-pêcheur si chère à Petit Manu pour se consacrer à l'ostréiculture en pleine prospérité. Raymond, petit-fils de Joseph et Antou, morts depuis de longues années, dirigeait avec son fils une belle entreprise qui fonctionnait à plein rendement. Les femmes parqueuses jouaient un grand rôle dans la réussite tout en assumant les tâches ménagères de leur maison pour le bien-être de tous. Les deux guerres n'avaient pas épargné la famille. Noël, un des petits-fils de Joseph, était mort pendant la première guerre mondiale et son fils Adrien, marin, avait disparu dans un naufrage au cours de la seconde.

Du changement s'opérait du côté des pêcheries. Elles disposaient de leur propre criée pour leurs navires, alors que les petits chalutiers et sardiniers privés, qui proliféraient depuis la fin de la guerre, ne disposaient à Eyrac que d'une criée syndicale à l'activité réduite, construite dans les années trente. En 1948, la criée syndicale fut rénovée sur le même emplacement agrandi et un appontement fut construit pour desservir cette criée. Pour financer les travaux de construction, l'on institua une taxe sur la valeur du poisson débarqué et l'on décréta qu'une partie du produit de ces taxes serait destinée aussi à l'étude d'un futur port à Arcachon, réclamé depuis si longtemps ! Allait-il enfin voir le jour ? L'avitaillement des chalutiers en combustible liquide posait un problème : fini le stockage du charbon à terre ou dans les voiliers désaffectés ! Il fut donc procédé à la construction d'un autre appontement à l'extrémité duquel, à toute heure de marée, les bateaux pouvaient accoster pour se ravitailler en essence, en gasoil ou fuel.

Dans ces années cinquante, Hugues, François et Michel, nos jeunes marins de l'Aiguillon, assistaient, un peu étonnés, à ces bouleversements, à cette ébauche de pêche familiale avec des chalutiers de plus en plus petits. Eux, fidèles à La Nouvelle sur leurs grands navires, accostaient toujours aux installations qu'ils avaient connues, construites à grands frais par les pêcheries. Néanmoins, une cohabitation semblait s'établir et les grosses et les petites unités se côtoyaient pacifiquement à Eyrac. Cependant, ils apprirent que trois chalutiers d'une petite société avaient été vendus à La Rochelle et que celle-ci avait été liquidée. Liquidée aussi, la société des trois frères Cameleyre qui avait transféré toutes ses unités à Lorient. C'est ainsi que, quelques chalutiers qu'ils connaissaient bien, comme l'*Ouragan*, le *Mistral*, le *Simoun*, disparurent du paysage arcachonnais.

Entre-temps, nos jeunes marins, après les moments terribles de la guerre, aspiraient à retrouver un bonheur bien mérité. François avait travaillé dans le maquis avec une jeune fille prénommée Clarisse, partageant fébrilement les préparations des attaques des convois allemands, les angoisses des parachutages anglais, balisant les quatre coins des terrains d'atterrissage, et participant à tant d'autres actions clandestines. A la Libération, ils s'étaient retrouvés avec un tel bonheur qu'ils voulurent le concrétiser et, en 1946, Virginie et Guillaume avaient vu s'unir ce jeune couple. Clarisse Martin habitait l'Aiguillon. Fille d'un marin-pêcheur disparu avec son unité, elle avait eu l'occasion de rencontrer Virginie durant la guerre où la Résistance était à son apogée quand, avec simplicité et courage, à bicyclette, elle lui portait discrètement lettres confidentielles ou tracts que cette dernière s'empressait de faire parvenir. Des liens très forts unissaient donc ces deux femmes. François avait repris sa place de matelot à La Nouvelle et le *Courlis* sur lequel il naviguait avait disparu pendant la guerre. Il rejoignit Hugues qui naviguait sur le *Jean Haentjens*, une nouvelle unité achetée aux Etats-Unis. Clarisse avait trouvé à s'embaucher dans les bureaux de La Nouvelle et sa mère, depuis la mort de son mari, travaillait à la fabrique de glace.

Très marqué par la mort de son frère sur l'*Emile Pereire*, Michel Rousseau, resté fidèle aux Pêcheries de l'Océan, avait adhéré à la Société nationale de sauvetage en mer (SNSM) créée après le terrible naufrage de 1836 ! Matelot heureux et sauveteur bénévole après son travail, il menait une vie bien remplie. Ses parents, toujours dans l'angoisse de ses expéditions de sauvetage, approuvaient cependant et admiraient l'engagement de leur fils en souvenir de leur aîné, privé d'un secours qui aurait peut-être pu le sauver. Jean-Pierre Castaing avait suivi la voie de son père et, en souvenir de Vito, le héros de son adolescence, le premier navigateur solitaire ayant traversé l'Atlantique, il avait décidé de se lancer dans la restauration de vieux voiliers de compétition et travaillait au chantier Bossuet à Arcachon. Il ne manquait pas de travail, le yachting étant en plein essor avec le développement de la navigation de plaisance. Il participait lui-même à de nombreuses régates, inscrit depuis la Libération au Cercle de la voile d'Arcachon (CVA).

Hugues était viscéralement attaché à La Nouvelle où tant de marins de la famille avaient laissé leur vie, où sa mère, sa grand-mère et tant de femmes de l'Aiguillon avaient trouvé du travail. Il souffrait de voir cette entreprise se battre pour subsister. Il est vrai que tous ces ateliers devenaient de plus en plus une lourde charge pour la Société. La pêche artisanale, en concurrence avec

La criée syndicale rénovée en criée municipale Saint-Ferdinand. (Collection particulière.)

la pêche industrielle, absorbait déjà 20 % de la production alors que, auparavant, les pêcheries seules en assuraient la totalité. Beaucoup de questions se posaient, qui restaient sans réponses. Une frénésie de pêche artisanale s'était emparée d'armateurs isolés et le nouveau maire d'Arcachon, en 1954, décida de se battre, cette fois, pour la réalisation d'un port qui allait favoriser cette explosion. Alors, les deux pêcheries d'Arcachon, bastions ultimes d'une pêche industrielle qui avait eu ses heures de gloire et fait la renommée d'Arcachon port de pêche, ne purent faire face plus longtemps. Elles capitulèrent peu à peu en se séparant de leurs navires. En 1959, les Pêcheries de l'Océan, premières à s'implanter, furent les dernières à disparaître !

Malgré la précarité de leurs aménagements portuaires, elles avaient vu vivre deux générations de marins-pêcheurs. Elles avaient suscité tant de rêves, tant d'espoirs chez les anciens de la *péougue* décimés par les naufrages ! L'Aiguillon avait été leur implantation, un quartier de *pirelons* ou de *marinaires*[72] s'était fondé autour d'elles. Les femmes aussi y avaient trouvé leur compte, ouvrières complémentaires du travail de leurs hommes, elles avaient tenu leur place et su défendre leurs droits dans les industries annexes indispensables dans les pêcheries. Elles avaient traversé deux guerres terribles, perdu de nombreux chalutiers, mais survécu à chacune avec détermination. La jetée d'Eyrac avait été la frontière symbolique entre cette société besogneuse et celle des loisirs qui s'était développée à proximité mais si loin de leurs préoccupations !

La construction d'un port était enfin décidée. La difficulté de trouver une main-d'œuvre stable commença à se faire sentir, Arcachon étant avant tout une station estivale. En 1953, bien que la ville soit passée au 9e rang dans la liste des ports de pêche français, la confiance dans l'avenir de la pêche locale restait grande. Des institutions diverses utiles aux pêcheurs furent créées : un Syndicat des armateurs à la pêche, un Syndicat des inscrits maritimes, qui gérait en même temps une coopérative de vente aux équipages, une Coopérative de crédit maritime mutuel, qui allait permettre à de nombreux marins-pêcheurs d'acheter, à crédit, leur outil de travail. D'anciens pêcheurs décidèrent même de créer, à Arcachon, une école de mousses qui eut un succès important auprès de jeunes, à l'affût d'un travail après la disparition des pêcheries.

Au cours de ces années, Virginie fut convoquée chez le notaire de ses parents qui lui apprit qu'ils étaient morts et que, fille unique, elle héritait de tous leurs biens. Elle ne les avait pas revus depuis ce soir où elle avait compris leur collaboration avec l'ennemi et n'avait jamais cherché à renouer par la suite. Ils étaient tout de même ses parents et elle éprouva une peine sincère. Le capital dont elle héritait était assez important et cette nouvelle suscita bien des réactions dans la famille. François et Clarisse, fidèles à leur passé de résistants intègres, déclarèrent qu'ils refusaient cet argent malgré les difficultés auxquelles ils étaient confrontés à cause de la fermeture des pêcheries. Virginie ne chercha pas à argumenter et respecta leur choix. Néanmoins, un accord unanime fut trouvé pour l'achèvement des travaux de la restauration des deux maisons ancestrales de La Teste et de Mestras, destinées à la descendance qui commençait à s'agrandir. Virginie et Guillaume ne changèrent rien à leurs habitudes et continuèrent à vivre dans leur petite maison de l'Aiguillon, si pleine de souvenirs heureux ou tragiques, dans ce quartier où ils avaient tant d'amis pêcheurs, se sentant solidaires de leur désarroi après la fermeture des pêcheries, et prêts à les aider si besoin était.

En 1955, la pose de la première pierre du port d'Arcachon était officiellement célébrée en présence du maire, du ministre des Transports et de tous les notables arcachonnais : Dubourg, Lacau, Taffara, Olivari, dont les noms furent donnés plus tard aux différents quais de la Criée. Cent ans s'étaient écoulés depuis la naissance des premières Pêcheries Johnston sur une plage de sable envahie par la vase à peu près au même emplacement. Que de changements et de progrès obtenus grâce à la ténacité et la passion de ces patrons d'entreprises qui n'auraient jamais pu imaginer pareille transformation aujourd'hui, eux qui auraient tellement souhaité, à l'époque, un simple quai pour faire accoster leurs bateaux ! Hugues et François restèrent à La Nouvelle jusqu'aux dernières unités encore en service. La mort dans l'âme de se séparer du *Jean Haentjens* sur lequel s'accomplissaient, ils le savaient, leurs dernières pêches. Le capitaine, avant son départ, délivra à Hugues le titre de sous-patron en lui souhaitant bonne chance pour sa nouvelle carrière. Ce dernier s'inscrivit dans une école à Saint-Nazaire pour obtenir le titre de capacitaire, qui lui permettrait de conduire lui-même un bateau, puisque telle était l'orientation de la pêche artisanale qui se pratiquait à ce moment-là sur le Bassin.

Son diplôme en poche, encore célibataire et donc sans charge de famille, il souhaitait acheter son propre bateau. Malgré quelques économies amassées au cours de ces nombreuses campagnes, son pécule n'était pas suffisant pour cela et, comme beaucoup de marins-pêcheurs, il pensa faire appel au Crédit maritime. Après bien des hésitations et des scrupules, il accéda au désir de sa mère qui le suppliait d'accepter l'argent qui lui manquait afin de réaliser son rêve d'armateur-pêcheur et d'assumer sa passion de la mer. Hugues se trouva ainsi à la tête d'un petit chalutier qu'il prénomma le *Pélican* en souvenir de l'aïeul Jeantou Castaing, victime du premier naufrage des Pêcheries de l'Océan. Il n'eut aucune peine, parmi tous les matelots de l'Aiguillon sans travail, à constituer son équipage. Les compagnons du *Suzanne-Céline* partis avec lui dans la Manche puis cachés en Angleterre furent les premiers choisis. Après quelques courtes campagnes dans le golfe de Gascogne, il n'eut pas de mal à choisir celui qui serait son patron, c'est-à-dire son homme de confiance, celui qui partagerait ses responsabilités, considérant que les quatre hommes de son équipage feraient avec lui une vraie famille, notion tellement nouvelle pour lui qu'il en était tout ému !

Heureux et fiers, Virginie et Guillaume le virent partir pour sa première pêche lointaine, vers les côtes africaines. Respectueux des décisions de François, ils suivaient avec beaucoup de bienveillance et d'émotion la nouvelle vie du jeune couple, soucieux eux aussi de l'orientation à prendre. Il n'était pas concevable pour François non plus de quitter la mer ; il se mit en quête de trouver une place de matelot sur un des petits chalutiers ancrés à Arcachon et, dans ce but, il s'initia aux nouvelles techniques. Clarisse avait quitté elle aussi les bureaux de La Nouvelle et cherchait un nouveau travail. Lucide, elle savait qu'elle ne trouverait plus rien à l'Aiguillon et qu'il fallait se tourner au-delà d'Eyrac où cafés, casinos, boutiques modernes, hôtels foisonnaient. Alors, décidée et sans préjugés, elle osa ce qu'aucune femme n'avait osé tenter jusqu'alors : quitter l'Aiguillon pour pénétrer dans ce nouvel univers, dans un monde bien différent. Dans ce monde de luxe, elle n'eut aucune peine à trouver une place de serveuse dans un hôtel chic du centre-ville et revêtit la tenue obligatoire, petite coiffe et tablier blancs. Fière, elle n'eut pourtant pas d'état d'âme à servir ainsi de riches clients, arborant même sourire et bonne humeur, ce qui la faisait apprécier particulièrement. Le soir, elle quittait le tablier blanc pour gagner un petit supplément comme ouvreuse dans un cinéma de quartier. Elle n'était pas toujours à la maison quand François revenait de ses campagnes, mais il acceptait cette situation, admirait cette femme indépendante et décidée ; elle était son égale comme au temps où ils partageaient de rudes missions dans le maquis. En 1954, un petit Bastien vint combler leur bonheur et Virginie fut une grand-mère heureuse de pouvoir les seconder. François ne voulait pas vivre l'expérience de nombreux marins-pêcheurs qui s'endettaient auprès du Crédit maritime pour acheter un bateau, qui vivaient des moments difficiles avant d'avoir remboursé, qui acquéraient même le bateau avant de pouvoir le conduire ! Le jeune couple décida donc de songer au bateau lorsqu'ils auraient l'argent nécessaire. Aussi travaillèrent-ils dur tous les deux pour atteindre ce but.

Après quelques campagnes de pêches avec des patrons différents, François disposa enfin d'un petit pécule suffisant pour partir à Saint-Nazaire obtenir à son tour le permis pour la conduite d'un bateau. Durant cette longue période d'absence, Clarisse, de son côté, travailla doublement, couchant sur place à l'hôtel, son lieu de travail, afin de faire des heures supplémentaires et d'augmenter son salaire. Quelques femmes de l'Aiguillon suivirent son exemple et trouvèrent aussi des places diverses à Arcachon. Fières d'apporter au foyer leur salaire mensuel fixe, elles se retrouvaient souvent et appréciaient un sentiment tout nouveau d'indépendance.

Le port d'Arcachon aujourd'hui. (Collection particulière.)

En 1960 et 1961, Hugues avait fait plusieurs campagnes avec le *Pélican* le long des côtes espagnoles et marocaines. Les pêches étaient bonnes, l'équipage soudé, il était heureux de vivre ainsi avec cette nouvelle « famille » d'adoption. Poussant plus loin que le Maroc, ils arrivèrent sur les côtes sénégalaises et croisèrent de nombreuses pirogues rudimentaires débordant de poissons, que d'intrépides hommes noirs, torses nus, faisaient avancer à la pagaie. Franchissant avec une témérité sans pareille le violent déferlement des vagues en bordure de la côte, ils ramenaient leur pêche vers un petit port à l'embouchure d'un fleuve ! L'équipage du *Pélican* décida d'accoster. Là, les femmes en boubous colorés attendaient les pirogues pour unir leurs forces à celles des hommes afin d'amener ces embarcations sur le sable. Le poisson trié, classé par catégorie, était déposé dans de larges paniers qu'elles plaçaient sur leur tête, bien calés par des coussinets. Pieds nus, cambrées, les femmes, en colonnes, se dirigeaient vers un petit marché de plein air, où il était vendu dans une clameur faite de cris, d'appels et de dialectes incompréhensibles. Hugues avait rencontré des Sénégalais au début de la guerre, enrôlés dans les troupes françaises, le Sénégal étant, à l'époque, une colonie française. Il savait que ce pays venait d'obtenir son indépendance. Journaux, radio et télévision (qui avait déjà fait son entrée dans les foyers) faisaient part des nouvelles de l'émancipation des territoires français qui, les uns après les autres, pacifiquement pour les uns, dans le sang, hélas, pour les autres, s'affranchissaient de la tutelle coloniale. Ils ne furent donc pas surpris de voir flotter sur le petit port non le drapeau tricolore français, mais un drapeau jaune, rouge et vert.

Ils ne tardèrent pas à entrer en confiance avec ces rudes pêcheurs et à partager leurs pirogues. A la force des bras, de toute la puissance de leurs muscles saillants, ces derniers tiraient les filets lourds et pleins qu'ils déversaient au fond de la pirogue et les grosses prises, bêtes superbes, se défendaient âprement, frappant leurs pieds nus d'énergiques coups de queue et de puissants soubresauts. Un jeune Français, rencontré sur le port les aida bientôt à découvrir de misérables villages de huttes, où vivaient des enfants nus et faméliques. Hugues se remémora les images d'Afrique de son livre de géographie où, enfant, on lui faisait comprendre l'infériorité de cette « race ». Il fut à la fois révolté et profondément ému devant cette injustice. Mais il fallait rentrer à Arcachon, l'équipage, compatissant certes, avait hâte de retrouver les familles. On promit de revenir.

Hugues, au retour, était intarissable sur ses découvertes, sur la misère touchée du doigt, sur la précarité des moyens de ces hommes qui, comme eux, partageaient la passion de la mer, libres dans leur tronc d'arbre savamment creusé, arrachant à la mer la survie de familles si misérables. Et cette fois, Hugues ne refusa pas l'offre de sa mère quand elle lui proposa, au départ suivant, de remplir ses cales à poisson de tout un matériel de pêche acheté à la coopérative maritime et qui ferait le bonheur de ces pêcheurs démunis ! Elle y ajouterait des livres, des cahiers et des médicaments, heureuse que son argent serve une noble cause.

Pendant ce temps, le jeune François continuait à se démener, aux côtés de Clarisse, pour acheter son bateau. Il éprouvait de la nostalgie au souvenir des pêcheries avec lesquelles son père, son grand-père et son arrière-grand-père même avaient pu faire de longues et lointaines campagnes. Il se souvenait des récits épiques sur le *Victoria* et le *Ronqual*, qui l'avaient fait rêver, et il eut envie de vivre comme eux une grande aventure. De Bordeaux partaient encore des morutiers à destination de Terre-Neuve. Six mois d'absence bien sûr, mais l'équipage était bien payé. Il s'engagea donc pour la prochaine campagne.

Virginie vieillissait. Elle avait eu sa part de soucis, d'émotions, depuis que, toute jeune, elle avait rencontré son *pirelon*. Les deux guerres ne l'avaient pas épargnée mais son *pirelon* vieillissait à ses côtés et ses deux fils, malgré leurs incroyables parcours dans cette guerre insensée, en étaient sortis bien vivants. Hugues lui donnait encore l'occasion de se rendre utile avec son engagement au Sénégal.

Années cinquante-soixante, les petits chalutiers prolifèrent... (Enfants Terribles, Arcachon.)

Il resta là-bas le temps de deux campagnes. Son patron ramena la pêche à Arcachon et put repartir une fois encore, les cales pleines. Sur place, Hugues s'occupait à remettre en état avec les gens du pays un dispensaire vétuste et insalubre et, avec l'instituteur du pays, inculquait aux enfants, fils de pêcheurs et pêcheurs eux-mêmes plus tard, des notions d'hygiène ainsi que le respect de la mer dans laquelle ils jetaient trop souvent poubelles et détritus.

Le départ de François à Terre-Neuve toucha particulièrement Virginie, bien qu'elle connût toutes les innovations qui, désormais, permettaient aux familles un contact des plus perfectionnés avec les marins et qui aurait dû la rassurer. Au cours du rude hiver de 1963, elle contracta une bronchite qui prit une mauvaise tournure et elle s'éteignit auprès de Guillaume et de Clarisse malgré les soins qui lui furent prodigués. On était en 1964. Hugues revenait tout juste de sa campagne au Sénégal et ramenait avec lui un jeune marin du pays, le premier d'une longue suite de marins sénégalais qui travaillent aujourd'hui encore dans le port d'Arcachon ! Respectant le vœu de Virginie, on l'inhuma au cimetière de La Teste. Elle retrouvait là les aïeux paternels de Guillaume, Jules et Marie les résiniers, Augusta et Petit Manu Dupouy et surtout Andréa Dupouy, dont le souvenir se perpétuait de génération en génération. Elle avait souhaité que le nom de Virginie Castaing figure au côté de Jean Castaing perdu en mer en 1883 et Andréa Dupouy, son mari et ses enfants, tous liés par le sang, sa seule et vraie famille.

A l'immense peine de toute la famille s'ajouta un grand bouleversement dans la vie de chacun car Virginie s'occupait du petit Bastien qui allait à l'école et de Florence âgée d'un an ! Guillaume, très malheureux, tournait en rond dans la petite maison de l'Aiguillon. Le quartier avait perdu son activité fiévreuse avec les pêcheries à l'abandon qui ne résonnaient plus des sirènes des chalutiers... Clarisse travaillait à Arcachon, elle avait une bonne place à l'hôtel Richelieu où elle était particulièrement appréciée. François était encore à Terre-Neuve où il avait été prévenu de la mort de sa mère mais ne pouvait rentrer. Clarisse, seule, prit la décision qui s'imposait à présent. Il n'y avait plus d'intérêt à rester dans ce quartier où était le nouveau port, certes, mais où les marins n'avaient plus de raison de rester groupés ! Le travail était au centre d'Arcachon, il fallait donc y habiter. Elle n'eut pas de mal à trouver un petit logement dans une grande maison, derrière le marché. Elle fit venir sa mère qui n'avait plus de travail à l'Aiguillon et qui s'occupa des petits. Robert vint chercher son frère pour vivre avec lui dans la grande maison de La Teste aménagée complètement, spacieuse, où il vivait sa retraite auprès de Paule.

Le quartier de l'Aiguillon perdait peu à peu son unité. La jeune génération qui n'avait pas connu l'atmosphère si particulière de solidarité et de travail qui y avait régné se mêla volontiers à la ville au-delà d'Eyrac, où commençaient à s'insérer, entre les riches villas, des immeubles aux logements plus modestes. François demeura longtemps inconsolable de la mort de sa mère avec laquelle il avait partagé tant d'angoisses et de peurs pendant l'Occupation. Il avait tellement admiré son courage et tant souffert pour elle du rejet de ses parents ! Il aurait tant voulu l'entourer dans ses derniers instants. Un sentiment de culpabilité l'habita longtemps à l'idée qu'elle était morte alors qu'il était parti pour vivre son rêve de pêche lointaine. Clarisse était là, comprenait et mesurait son chagrin qu'elle arriva à calmer peu à peu. Ils travaillaient dur, chacun de leur côté. François se formait à son futur métier d'armateur-pêcheur. Demandé très souvent par de nouveaux armateurs qui possédaient le bateau mais n'avaient pas encore les diplômes nécessaires pour les conduire, il était alors patron, dirigeait l'équipage sans avoir les difficultés matérielles des armateurs.

Arriva enfin le jour où il put acheter un excellent bateau d'occasion, presque neuf, qui fit son bonheur. Ils l'appela le *Courlis* pour faire revivre le chalutier sur lequel était mort le grand-père Pierri pendant la guerre. François se trouvait donc à la tête du *Courlis*, jeune armateur-pêcheur à l'image de son frère, désirant continuer à parcourir les mers et non à se transformer en simple administrateur ! Trouver un équipage fut plus laborieux car les années passant, beaucoup de matelots des pêcheries avaient retrouvé un patron et les embauches étaient plus rares. Il voulut aussi tenter l'expérience avec un deuxième Sénégalais ramené par Hugues. Rude expérience pour ces hommes d'origine différente qui se côtoyaient pendant des semaines entières : les deux matelots français furent assez surpris et eurent du mal à le considérer comme leur égal, la colonisation encore proche leur avait tellement fait une réputation de sous-hommes ! Ils furent presque étonnés de découvrir sa profonde connaissance de la mer, une grande expérience et une résistance à toute épreuve. François contribua beaucoup à les rapprocher pour une compréhension mutuelle. Il s'appelait Ibrahim, venait d'une petite île au large de Dakar, misérable, où la pêche était la seule ressource pour faire vivre la famille. Il était venu pour gagner de l'argent, s'était expatrié volontairement afin que l'argent gagné puisse faire vivre la famille, qui était nombreuse, en Afrique. Il leur fit comprendre combien il était dur pour lui de vivre dans un pays riche certes, mais si loin de ses coutumes, de ses traditions, si loin aussi de ses enfants !

Abdoulay, le premier Sénégalais ramené par Hugues, logeait dans une petite maison au loyer modeste, à l'Aiguillon, et Ibrahim fut heureux de partager son logement avec un camarade de la même île, de causer du pays et de faire ensemble leur cuisine traditionnelle. Clarisse allait les voir souvent, les aidait à comprendre le français et les guidait dans leurs achats. Les voisins du quartier les accueillirent assez froidement mais, peu à peu, ils apprécièrent leur présence discrète. De religion musulmane, ils ne buvaient pas et ne fréquentaient pas les bistrots, si bien que la population finit par les tolérer. On était en 1965. Bastien avait fait de bonnes études primaires. Ses parents étaient prêts à lui faire poursuivre ses études et rêvaient pour lui d'une situation (comme l'on commençait à dire) où il n'aurait pas eu besoin de se battre comme ses parents l'avaient fait. Hélas, il fallut vite se rendre compte que, à l'image des hommes de la famille, seule la mer semblait l'intéresser ! Tout à l'écoute des récits de son oncle sur le *Pélican*, il avait suivi avec intensité la bataille de son père pour acheter son bateau et on le voyait souvent avec les copains de son âge, rôder au port de pêche à l'Aiguillon quand la marée montante ramenait la cohorte des petits chalutiers pleins de couleurs. Il voulut étrenner le *Courlis*, fier au côté de son père à la barre, de sa mère et de Florence sa petite sœur. Ses parents décidèrent donc de le mettre à l'école de mousses à Arcachon, récemment créée.

Construction d'une pirogue au Sénégal, années 2000. (Collection Hélène et Benoît Laborde.)

Clarisse, Florence, Véronique… la pêche individuelle

Les années s'écoulaient, l'équilibre de la vie se poursuivait immuable : les vieux disparaissaient, la relève s'avançait. Dans la famille, Hélène et Auguste Rousseau s'étaient éteints à peu de temps d'intervalle. Ils avaient rejoint au petit cimetière de Mestras la famille Mora où les noms de Valentin et Jean Mora rappelaient le destin tragique du père et du frère d'Hélène. Michel, leur fils, était resté fidèle aux pêcheries qui avaient maintenu quelques rares unités jusqu'aux environs de 1968. L'âge de la retraite étant arrivé, il fut satisfait de n'avoir pas besoin de bouleverser sa vie pour cette pêche artisanale qui ne l'intéressait pas, qui n'avait rien à voir avec les grandes compagnies de La Nouvelle. Il n'en poursuivait pas moins son travail volontaire à la SNSM. Le canot à moteur *Sud Atlantique* avait eu beaucoup à faire après la guerre où la pêche avait repris très fort et, avec elle, les naufrages, toujours aussi dramatiques dans les passes. Sa sœur Louison suivait les traces de son père à la Société scientifique où, élément émérite, elle se passionnait pour la recherche.

En 1970, Clarisse abandonna son travail à l'hôtel Richelieu. Les finances de la famille étaient meilleures, ils occupaient un joli logement dans les nouveaux immeubles qui se développaient à grande vitesse et commençaient à bétonner la ville. François devait faire face à ses nouvelles responsabilités d'armateur, gérer le travail et le salaire de l'équipage, l'avitaillement du bateau et la comptabilité. Mais pêcheur avant tout, il préférait partager avec l'équipage les embruns, les coups de vent, affronter les dangers des campagnes de pêche. Il confiait volontiers la charge de cette comptabilité à Clarisse qui l'assumait avec succès. Fidèle à cette indépendance qui avait guidé sa vie, elle se battait avec d'autres femmes d'armateurs pour que le travail effectué dans l'entreprise de leur mari leur donne le statut de salariées, mais sans succès ! Bastien, tout heureux, naviguait comme mousse sur le *Pélican* de son oncle et se prêtait de bonne grâce à toutes les corvées qui incombaient aux jeunes mousses et novices, en attendant le grade de matelot.

Un beau jour de 1972, François fut attiré par l'attroupement maintenu par un cordon de forces de police à l'entrée de la jetée Thiers. Deux grosses unités mouillaient au bout de celle-ci où des militaires s'affairaient. C'est ainsi qu'il apprit que l'on était à la recherche d'armes allemandes restées encore dans les fonds marins et découvertes depuis peu de temps. Des artificiers travaillaient à les désamorcer avant de les embarquer sur les bateaux au mouillage. François se revit avec émotion, vingt-cinq ans en arrière, en ces jours de folie de la déroute allemande quand les soldats avaient fait exploser une travée de la jetée. Le bruit avait alors couru qu'ils s'étaient débarrassés de nombreuses armes et munitions en les balançant par-dessus la jetée. Mais tant de bruits couraient à l'époque… tant de bruits fous aussi invérifiables les uns que les autres, tant de bruits inventés souvent par une population en délire qui retrouvait sa liberté ! Des armes restaient donc encore là, après vingt-cinq ans, durant lesquels les bateaux les avaient côtoyés, où la population, sans le savoir, aurait pu encore être victime de la guerre qui les avaient terrorisés pendant cinq ans ! Il n'en croyait pas ses yeux[73].

Guillaume, à son tour, avait rejoint Virginie au petit cimetière de La Teste en 1971. Vieillard vénérable de quatre-vingt-neuf ans, il avait achevé sa retraite à La Teste auprès de Robert, dans le souvenir de Virginie. Très souvent, au port d'Arcachon, il avait pris plaisir à suivre le destin maritime de ses fils. Tous deux étaient propriétaires de leur bateau avec des équipages dévoués. D'autres armateurs avaient fait route aussi vers le Sénégal où la pêche était abondante et, depuis, une dizaine de ces jeunes Noirs travaillaient sur le port d'Arcachon. Leur présence était appréciée, car la main-d'œuvre se faisait plus rare, le métier était dur et l'instabilité des salaires en décourageait beaucoup. Ils arrivaient avec un fascicule de navigation donné par le gouvernement sénégalais qui leur servait de pièce d'identité. Ils restaient deux ans généralement avant de revoir leur famille ! Ceux qui se révélaient particulièrement bons travailleurs et sérieux pouvaient obtenir des papiers leur permettant de rester plus longtemps en France. L'un d'eux, arrivé à l'âge de la retraite, avait pu repartir, tout heureux, avec l'argent nécessaire pour acheter une pirogue au pays.

Par une journée grise de novembre, naviguant le long de la côte landaise sur une mer houleuse, le *Pélican* s'apprêtait à remonter le chalut, lorsque, brusquement déséquilibré, Abdoulay tomba à l'eau. Un matelot le vit et poussa un cri. Hugues, sans hésiter, plongea à son secours, tandis que le patron avertissait les secours par radio. Nageant désespérément, il réussit à le voir, inerte, prêt à couler. Pendant qu'il le tirait vers le bateau, une vague plus forte que les autres le déséquilibra et il lâcha Abdoulay qui coula aussitôt. Désespéré, il reprit sa nage. A bout de forces, il était prêt à abandonner, quand l'hélicoptère du Centre d'essais des Landes réussit à l'hélitreuiller. Ce dernier tourna plusieurs fois sur la zone de l'accident, mais il fallut se rendre à l'évidence : Abdoulay avait bel et bien disparu. Indifférente, la mer avait retrouvé son calme, tandis que l'hélicoptère emmenait Hugues vers l'hôpital. Le *Pélican* revint au port, une grande tristesse s'était abattue sur l'équipage. Deux jours plus tard, le corps était retrouvé au pied de la dune du Pilat. La municipalité, très touchée par le premier accident survenu dans cette communauté, organisa une vente à l'encan à la criée qui rapporta une belle somme d'argent dont le montant fut envoyé à la famille en Afrique. Hugues se promit bien de rendre visite à ses proches au cours d'une prochaine campagne. Malgré tout, radio, secours, hélicoptère, Samu, hôpital… Que de progrès accomplis ! Cent cinquante ans plus tôt, le jour du *gran malhour*, les familles désespérées voyaient s'engloutir, impuissantes, une à une, les chaloupes dans les passes…

Le 18 janvier 1977, Arcachon se réveilla médusé : le casino mauresque avait brûlé dans la nuit et n'était plus qu'un tas de ruines fumantes ! La population mit du temps à se déshabituer de sa silhouette familière qui dominait la rue de Lattre de Tassigny et auquel on accédait par un ascenseur d'opérette ! L'ultime témoignage des richesses passées disparaissait, le faste de ce palais extraordinaire où, durant 114 années, sur deux étages, s'étaient pressés les touristes avides de jeux, d'exotisme et de loisirs. *« Son architecture rappelle Séville, Tolède, toute l'Andalousie. Les plafonds sont couverts de versets du Coran, les décors arabes et sarrasins… »* Tels sont les termes qui caractérisaient sur les guides touristiques ce temple de la fortune qui complétait le luxe des villas de la ville d'hiver depuis 1863.

Florence, la jeune sœur de Bastien avait épousé très jeune un matelot d'Arcachon. Une petite Véronique s'annonçait et le jeune ménage se débattait pour obtenir un logement, les propriétaires se montrant réticents au vu des aléas du salaire d'Arnaud. Ils se trouvèrent donc confrontés à un problème qu'ils n'auraient jamais imaginé. François et Clarisse, de bon cœur et naturellement, leur offrirent l'hospitalité mais, malgré toute la tendresse qui les unissait, ils souhaitaient leur indépendance. Clarisse proposant de s'occuper de l'enfant, Florence envisagea de travailler elle-même afin d'avoir un salaire fixe, dans le but d'obtenir enfin le logement souhaité. C'était en 1971, le chômage n'était pas aussi important que de nos jours et l'emploi de vendeuse qu'elle trouva leur permit de se loger, bien modestement certes, à Arcachon. Quand la mère d'Arnaud vint à décéder, le grand-père ouvrit de grand cœur la maison qu'il possédait à Mios. Ce n'était pas l'idéal pour Arnaud, bien sûr, le port de pêche était loin et les marins n'aiment pas s'éloigner de leur chalutier au port ni de la mer qui est leur vie. Mais pouvait-on refuser une maison claire et spacieuse avec un jardin qui ravissait déjà Véronique ? C'était inespéré pour ce jeune couple, une petite Martine était venue agrandir le cercle de famille. Il fallait donc s'adapter. Florence arrêta de travailler pour s'occuper des deux petites et les grands-parents aidèrent généreusement à l'achat d'une voiture d'occasion pour les allées et venues d'Arnaud au port. Les enfants grandissaient dans la liberté du grand jardin, on surveillait les tomates qui rougissaient, les courgettes qui s'arrondissaient et les petites ne laissaient pas aux oiseaux les cerises dans les arbres ! Le téléphone dans la maison et le radiotéléphone à bord permettaient de joindre papa (à heure fixée par les parents) et l'on préparait ses retours après ses dix jours de mer. Les soirs où la houle secouait fortement le petit chalutier, où le vent sifflait au hublot près de sa couchette, Arnaud pensait très fort à sa Florence esseulée dans le grand lit et il était sûr que leurs pensées se rejoignaient dans ces moments si rares où la fatigue ne l'avait pas encore fait sombrer dans un sommeil de brute !

Aujourd'hui, Florence a cinquante-cinq ans. Arnaud s'achemine vers une retraite bien méritée. Il est devenu un bon marin, celui en qui le patron a toute sa confiance pour le seconder et le remplacer parfois. Il l'a assumée cette responsabilité, dans une nuit d'angoisse où la colère des passes, toujours aussi cruelle, avait fait se dresser la bâtarde traîtresse ! Le bateau avait gîté dangereusement, le patron, à la barre, projeté sur le tableau de bord, avait perdu connaissance ! Il l'a attrapée cette barre, s'y prenant à trois fois pour redresser chaque fois à la limite du naufrage. Il l'a vaincue cette bâtarde, fou de colère et de terreur, tandis que l'hélicoptère, prévenu par le poste du phare, les survolait et hélitreuillait le patron et deux matelots choqués. Il a réussi à entrer au port, comme un somnambule, transi, aidé du mécanicien qui surveillait le moteur défaillant et du dernier matelot qui colmatait les brèches, suivi par le canot de la SNSM prêt à intervenir en cas de défaillance. Son courage avait fait le tour du monde maritime d'Arcachon et de la municipalité. Il a reçu une médaille mais, surtout, avait fortement apprécié la somme rondelette qui l'accompagnait. Florence a repris du travail quand ses filles ont grandi. Une place de vendeuse sur un banc de poissonnerie au marché

Canot du sauvetage en mer actuel.

d'Arcachon lui a redonné son goût de femme libre qui participe à la vie du ménage. Elle se consacre à présent à sa coquette maison où le jardin est plus beau que jamais. La *godaille*[74] que ramène Arnaud lui permet de réaliser des soupes de poissons dont elle a le secret, qui régalent amis et connaissances. Ses petits-enfants la comblent de joie. Martine et Véronique, jeunes femmes modernes, ont décidé de créer leur petite entreprise de poissonnerie ! Ce sont les débuts mais ils sont encourageants, elles ne ménagent pas leur peine et, sur l'étal dans le préfabriqué qui jouxte un petit supermarché, trônent les soupes de poissons recette Florence !

François avait navigué jusqu'en 1980. Clarisse l'avait secondé jusqu'au bout. Le *Courlis* avait fait son temps et répondu fidèlement à leurs attentes. Ils décidèrent alors de vivre une retraite paisible dans la petite maison de Mestras où Reine et Loïc auraient tant souhaité se retirer aussi ! Ils vendirent le *Courlis* et achetèrent un petit voilier pour profiter ensemble encore de la mer. La petite maison de Mestras, rénovée, était devenue une jolie demeure bien confortable. Elle n'était plus isolée, les constructions s'étaient développées tout autour, au milieu de vastes terrains ombragés. Ils s'habituèrent très vite à ce milieu ostréicole qui faisait vivre les sept ports si pittoresques de Gujan-Mestras et ils allaient, à pied ou à bicyclette, longer les cabanes et bavarder avec ces paysans de la mer qui triaient leurs huîtres, chaulaient les tuiles ou déchargeaient les chalands… Enfants, petits-enfants, neveux, petits-neveux, venaient souvent animer la jolie maison.

Ils y sont toujours. François, aujourd'hui, a quatre-vingt-un ans, Clarisse soixante-quatorze. On a conservé le banc devant la maison où Loïc aimait s'asseoir ; les anciens rosiers grimpants embaument toujours, le soir, après une chaude journée, dans la tiédeur des nuits d'été. Les vaguelettes de la petite mer de Buch clapotent inlassablement au fond du jardin. Au petit cimetière, sur la dalle de pierre patinée par les ans, on peut lire encore : *« Reine et Loïc Le Garrec ; Valentin et Jean Mora perdus en mer ; Marc Rousseau, mort pour la patrie, 1944 »* et une inscription plus fraîche rappelle le souvenir d'*Auguste et Hélène Rousseau*, ses parents.

Bastien avait été choyé par la vie, plus que tous les marins de générations précédentes. Après de nombreuses campagnes sur le *Courlis* avec son oncle où s'était révélé son sens des responsabilités, Hugues le prit comme patron. Puis ayant atteint l'âge de la retraite, il lui donna son bateau. Bastien, devenu jeune armateur, épousa une jeune fille riche d'Arcachon qui l'introduisit dans la bonne bourgeoisie locale, loin des soucis des marins et de leurs familles, à la grande déception de Hugues et de ses parents ! Son fils Antoine a trente-cinq ans aujourd'hui. Après une jeunesse dorée où les loisirs l'ont emporté sur tout autre intérêt, passionné par les courses de voile, le surf, le ski nautique, la planche à voile, il en tire aujourd'hui profit. Moniteur de voile d'abord au

Club nautique d'Arcachon, il a monté sa propre école de planche à voile sur une plage du Pilat.

Sa sœur a épousé Yannick, un patron de pêche breton. Amoureux de la mer, il adore son métier. Lise partage sa passion. Digne descendante de ses ancêtres Castaing, elle a pris part, au début, aux campagnes de son mari, relayant l'équipage pour prendre son tour de quart comme les hommes... Battante, elle participe activement à l'association des femmes de marins-pêcheurs, luttant à leurs côtés pour que leurs droits soient reconnus, pour améliorer les conditions de vie de leurs compagnons, pour l'obtention de logements sur leurs lieux de travail, revendication prioritaire semblerait-il. Serveuse dans un restaurant sur le port, elle a pu trouver un logement dans une des nombreuses résidences à l'Aiguillon, les Pêcheries, bâtie sur l'emplacement des Pêcheries de l'Océan !

Si vous faites un tour vers le chantier Bossuet[75] sur le port de l'Aiguillon, peut-être y rencontrerez-vous un descendant de Robert Castaing qui évoluait dans les années trente sur ce même chantier, et qui avait transmis à son fils Jean-Pierre et à son petit-fils cet amour de la restauration des vieux bateaux ? Je ne serais pas surprise si l'on m'assurait de sa participation à la remise en état, tout récemment, de l'*Oursin*, un loup[76] de 1954 issu des chantiers Bossuet !

La Société nationale de sauvetage en mer a, de nos jours, une station à Arcachon qui coordonne ses actions avec celles du Cap-Ferret et d'Arès. Michel Rousseau y était resté fidèle très longtemps, durant sa retraite. La mort l'a surpris en 2000. Son fils a hérité de sa fibre humanitaire et il continue ce noble travail de bénévolat qui conjugue l'amour et la connaissance de la mer avec la généreuse volonté d'aider ses semblables.

Nos pêcheurs sénégalais sont une vingtaine aujourd'hui sur le port d'Arcachon. Vitrine familière de la pêche arcachonnaise, ils perpétuent la tradition des marins sénégalais à travers le monde et forment une main-d'œu-vre appréciée par les patrons de pêche. Un rituel est établi à présent : quand un marin part à la retraite, un jeune du pays est envoyé pour le remplacer. Deux jeunes Arcachonnais dévoués, Hélène et Benoît, ont constitué une association[77] pour aider leur village en Afrique. En ce moment, ils entament des démarches avec la Croix-Rouge de Dakar pour essayer d'obtenir une pirogue-ambulance. Souhaitons-leur bonne chance dans leur louable entre-prise.

Les passes restent toujours le gros problème d'Arcachon et trop de vies ont été perdues dans ce bouillonnement de sable et d'eau où dérivent, en été, à marée descendante, des plaisanciers en mauvaise posture ! Le problème de leur franchissement pour les bateaux de pêche en hiver a été en partie résolu. Si elles sont menaçantes, les bateaux se replient sur Bayonne ou sur La Rochelle et la pêche est ramenée à Arcachon par camion frigorifique. Cette mesure a diminué le danger pour les pêcheurs, mais il existe toujours l'imprévisible, la bâtarde redoutée, quand la houle venue de très loin, avant de se briser dans les passes, fait s'élever les vagues au maximum de leur puissance et peut briser un chalutier ! Depuis la fin du XIXe siècle, ingénieurs et géographes se sont penchés sur ce problème, l'ont étudié sans jamais le résoudre. Après lecture de maints et maints documents, j'ai pu découvrir un jour la solution envisagée par la marine allemande au cours de la seconde guerre mondiale, solution qui aurait peut-être, un jour, résolu le problème. Couper assez haut la pointe du Cap-Ferret pour y faire un canal reliant directement l'Océan avec les eaux de la petite mer de Buch !

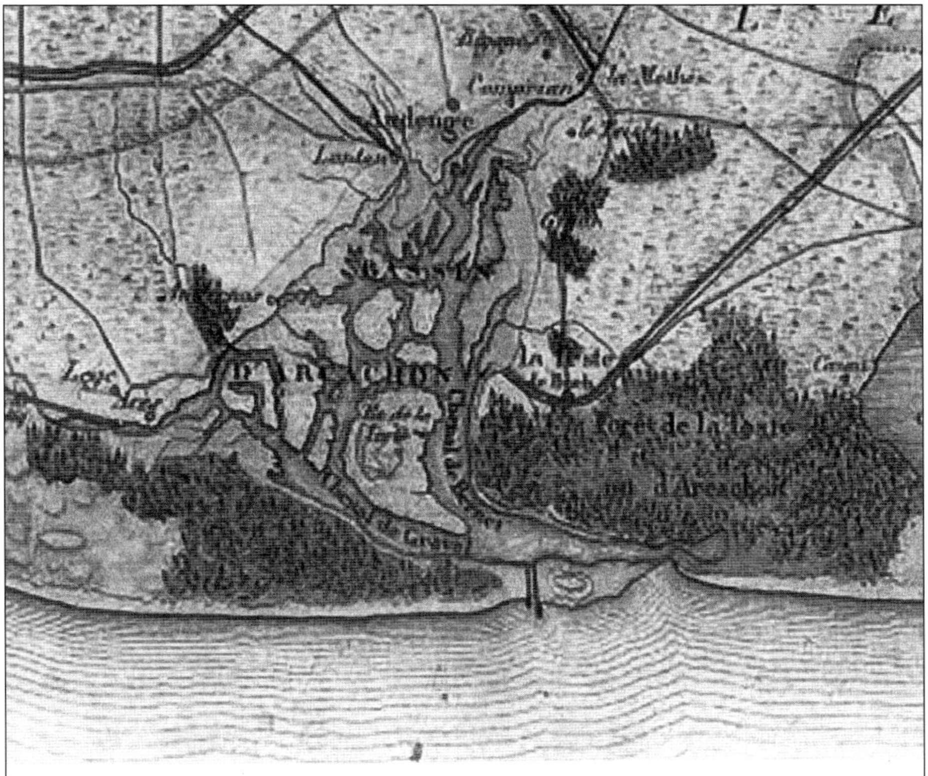

C. Deschamps, ingénieur des Ponts et Chaussées publie cette très intéressante carte en 1835.

La solution envisagée par l'armée allemande au cours de la dernière guerre a peut-être un rapport avec cette ancienne carte. C. Deschamp pensait que le Bassin était en voie de fermeture et suggérait qu'un chenal soit percé au nord de la presqu'île pour rétablir l'accès à la mer. La marine allemande avait peut-être repris l'idée à son compte pour ouvrir le Bassin à ses navires de guerre et les mettre ainsi à l'abri ! Il est vrai qu'un tel projet résoudrait le problème des passes et donnerait un coup d'arrêt à la longue liste des naufrages qui ont endeuillé et endeuillent encore les familles de marins. Mais on peut toujours rêver !

Fin du XXe siècle, les chalutiers arcachonnais. (Collection Véronique Burgeon.)

On rentre au Bassin. (Collection Véronique Burgeon.)

Une bonne prise. (Collection Véronique Burgeon, association Femmes de Marins.)

Sénégal : lancer de filet depuis la pirogue.

Epilogue

Andréa, Reine, Virginie, Clarisse, Florence… Des générations de femmes de marins-pêcheurs qui s'étirent sur presque deux siècles. Leur cadre de vie ? Une étroite frange de terre côtière rectiligne qui, descendant de l'ouverture de la Gironde vers l'Espagne, a quitté cette rectitude un jour bien lointain, pour pénétrer par une ouverture, ô combien tumultueuse, dans la petite mer de Buch. Elle en a épousé paresseusement tous les contours. Elle a bien failli se perdre, au fond, dans l'étalement insolent des eaux douces de la Leyre, cette petite rivière qui vient du fond des Landes à travers les fougères arborescentes. Mais elle l'a dépassée, a retrouvé les contours sinueux, en a épousé à nouveau les moindres recoins, puis elle est retombée sur la même ouverture, qu'elle n'a pas reconnue tout de suite, tant l'enchevêtrement des canaux qui enserraient les bancs de sable doré étaient paisibles ce jour-là. Enfin, elle a contourné la grande montagne de sable, retrouvé l'Océan apaisé et repris sa descente vers l'Espagne.

Ces femmes ont vécu sur cette bande côtière qui s'était fourvoyée dans la petite mer de Buch qu'elles appellent maintenant le bassin d'Arcachon. Cette ouverture qui lui avait permis cette fantaisie baladeuse s'appelle « les passes » et elles n'en finiraient pas de vous conter tous les bateaux qu'elle a éventrés, cassés, pulvérisés et tous les marins dont elle a pris la vie. Andréa, Reine et les autres évoluent sur une toute petite longueur de cette frange côtière qui s'étire depuis les sept ports de Gujan-Mestras, passe à Meyran, La Hume, se modèle sur tous les contours du port de La Teste, remonte jusqu'à la pointe de l'Aiguillon et redescend jusqu'à la première jetée qu'elle rencontre, celle d'Eyrac, où elle s'arrête. Au-delà, les gens n'étaient pas de leur monde ! Ces gens-là avaient eu une conception tout autre de la petite mer de Buch. Certes, ils la trouvaient belle, comme un bijou précieux auréolé de sable fin, dans un écrin de verdure. Mais ils n'avaient pas besoin de lui prendre la faune qui l'habitait pour faire vivre leurs familles ! Ils en avaient, cependant, choisi les plus beaux spécimens pour les mettre dans des aquariums, afin que les *estrangers*, libres de leur temps, puissent à loisir en admirer l'élégance, la finesse des couleurs et la variété des espèces. Ils avaient très vite compris le profit qu'ils pourraient tirer de ce joyau : la mer, le soleil, les baignades, les jeux d'eau, les courses de voiliers attireraient richesse, loisirs et insouciance.

Qu'ont-elles de commun, ces femmes de marins confondues de 1836 à nos jours ? Beaucoup plus qu'on ne le pense sans doute. Indispensables coordinatrices dans le travail au XIXe siècle, elles ramenaient l'argent de la pêche, tout naturellement, partant à Bordeaux, la nuit, à cheval, à travers la lande sauvage pour offrir à la ville la fraîcheur du poisson. Soumises au destin de leurs hommes en perpétuel danger, elles priaient, espéraient, pleuraient… mais rassuraient les enfants, petits marins en herbe.

Fleur du paradis, Sainte Notre-Dame[78]
Si bonne aux marins en péril de mort
Apaise le vent, fais taire la lame
Et pousse du doigt notre esquif au port.

Les pêcheries avaient fait naître de grandes communautés. Les marins-pêcheurs et leurs femmes en constituaient les éléments. La pêche et ses industries annexes les faisaient vivre. Le quartier de l'Aiguillon était leur lieu de vie et de travail. Séparations, angoisses de départs étaient toujours les mêmes, mais les femmes se côtoyaient, vivaient ensemble leurs angoisses, et ce partage avait fait naître des réconforts inestimables : l'entraide et la solidarité ! Le salaire était maigre, mais il était fixe et les bateaux étaient de gros chalutiers fumants, solides et résistants. Du travail s'offrait aux femmes, sur place, complément précieux au salaire des hommes. Il apaisait les séparations, calmait les angoisses, leur faisait prendre conscience de leur statut de femme qu'elles défendaient âprement. L'indépendance de la femme naissait. Puis les pêcheries ont disparu. L'Aiguillon a perdu sa raison d'être, les pêcheurs ont trouvé leur salut chez des patrons de petites unités, les femmes ont perdu le travail et par là même l'entraide et la solidarité qui les unissaient. Pourtant, dans les années soixante, très proches de la fermeture des pêcheries, elles ont compris ce qu'elles perdaient, puisque des groupes de femmes de milieu maritime ont vu le jour mais ont disparu très vite. Cependant, la marche ébauchée de la libération de la femme ne pouvait pas s'arrêter là.

Vers la fin du XXe siècle, ces femmes isolées, noyées dans la population diversifiée d'artisans de tous ordres, de commerçants, fonctionnaires, touristes de plus en plus nombreux, se regroupent à nouveau. En ce XXIe siècle, elles réapparaissent cette fois, de manière autonome, sous la forme d'associations. Si la pêche est l'affaire des hommes, la stabilité de la communauté est celle des femmes. A Arcachon, l'Association des femmes de marins-pêcheurs a été créée par Monique Philip. Son but est de permettre aux femmes de pêcheurs d'avoir droit à des formations et d'acquérir un statut qui reconnaisse leur contribution économique et leur donne accès à une couverture sociale propre. Cette formation acquise les a conduites à obtenir des CAP de gestion et de comptabilité qui les aident à seconder leur mari et à bénéficier d'une reconnaissance salariale de la part du ministère de la Marine. L'association les aide aussi à diversifier les revenus du ménage pour le rendre moins dépendant du produit de la pêche. Elles apprennent ainsi à retrouver leur place dans le foyer face au mari qui voudrait encore trop souvent qu'elles soient à leur entière disposition dès leur retour de pêche. Le travail les libère, elles veulent un statut, des revenus propres et faire reconnaître leur activité, distincte de celle de leur époux.

Les rencontres de plus en plus nombreuses entre associations de même région ou à l'échelon national leur permettent de soulever des problèmes communs, comme la sécurité en mer face à laquelle le pêcheur se montre si insouciant. Elles demandent aux pouvoirs publics de renforcer les normes de sécurité, de faire pression auprès des capitaines de bateau pour que celles-ci soient appliquées, les gilets de sauvetage portés, les plages de repos respectées. Elles se battent aussi pour la reconnaissance plus rapide du décès en mer, pour les disparitions liées à un naufrage ou à un accident et obtenir le versement plus rapide des indemnités liées à ces drames. Ces rencontres à l'échelon national ou même international leur permettent d'échanger leurs expériences et de comparer leurs situations, par rapport à d'autres pays d'Europe, notamment à la Finlande et aux pays nordiques, très avancées dans ce domaine.

Monique envisage des échanges d'enfants entre familles de marins, présentant un intérêt linguistique et culturel évident pour eux et, à cet effet, s'occupe de trouver des familles de marins pour les accueillir. Leurs projets nombreux et ambitieux sont rassemblés dans la revue *Aktea* qui, à l'ère des sigles aussi impersonnels que déroutants, a su choisir parmi les cinquante néréïdes de la Grèce antique (ces divinités qui venaient en aide aux marins), celle qui symbolise le rivage, ce rivage où tant de femmes depuis des siècles ont attendu le retour de leurs marins.

Le port de plaisance contribue grandement à la vitrine maritime d'Arcachon. Le quartier de l'Aiguillon a retrouvé son authenticité grâce à sa création. Mais les touristes qui se pressent de plus en plus nombreux aux retours pittoresques des chalutiers, au déchargement de cette marée toute fraîche, des tourteaux et araignées de mer bien vivants encore, qui aiment la criée et son folklore, disent tout leur attachement à ces travailleurs de la mer. Arcachon port de plaisance et Arcachon port de pêche se complètent harmonieusement. Les projets nombreux pour justifier cette vitrine maritime demandent des soutiens importants qui, semble-t-il, devraient être répartis équitablement entre la plaisance et la pêche.

Dans l'entretien que j'ai pu avoir avec chacune des femmes de l'association, le mot solidarité émerge de leurs récits ainsi que les liens très forts qui les unissent. J'ai découvert leurs problèmes communs : la vie de famille difficile, les décisions à prendre, urgentes quelquefois, en l'absence du père, l'angoisse toujours présente quand souffle la tempête, les enfants à diriger, les fêtes sans le père, le métier qui use, le mari loin des réalités familiales, souvent mais toujours l'amour présent dans les pensées, dans les retours où la vie est suspendue à lui. J'ai rencontré la jeune épousée, ignorante du milieu des marins, qui *« avait peur de tout, de la tempête »*, qui, le jour du retour, *« arpentait le front de mer pour scruter l'horizon et le voir arriver »* et qui, au fil du temps, ne se sent plus soumise, apprécie la liberté retrouvée à son départ. J'ai découvert le pêcheur poète, qui écrit, en mer, des poèmes à ses enfants, les histoires inventées par le même papa, qu'on laisse en suspens, pendant l'absence... que l'on continue au retour, que les enfants attendent. J'ai découvert celle dont le mari et le fils ont péri dans les passes en 1994, marquée à vie, angoisse perpétuelle. Mais j'ai rencontré aussi celle qui n'attend pas dans l'anxiété. Elle sait qu'il va rentrer ! Qui déplore le manque de civisme à présent, les cargos qui coupent la route et qui envoient par le fond les petits chalutiers, puis continuent leur route comme s'ils avaient *« écrasé un cafard »*, qui parle avec aigreur des bateaux-poubelles, des bateaux-fantômes, des pollueurs des mers. Mais cette femme revendique : *« Je suis une femme, une vie, une opinion »*, elle refuse que l'on prenne en pitié la femme du marin, rejette les idées reçues, cataloguées, entretenues par les lectures et les films.

Femmes de marins-pêcheurs, confrontées au marché du travail comme beaucoup d'autres, c'est vrai... Femmes qui voudraient, au moins, *« assurer un SMIG »* comme elles disent, pour bâtir des projets, prendre un crédit, payer un loyer et gérer les finances de la famille. Combats qui s'inscrivent dans l'évolution inéluctable de la libération de la femme.

25 mars 2004, une gerbe à la mémoire des marins perdus en mer a été jetée à l'eau.

25 mars 1906, bénédiction des marins. (Collection particulière.)

25 mars 2004, bénédiction des marins.

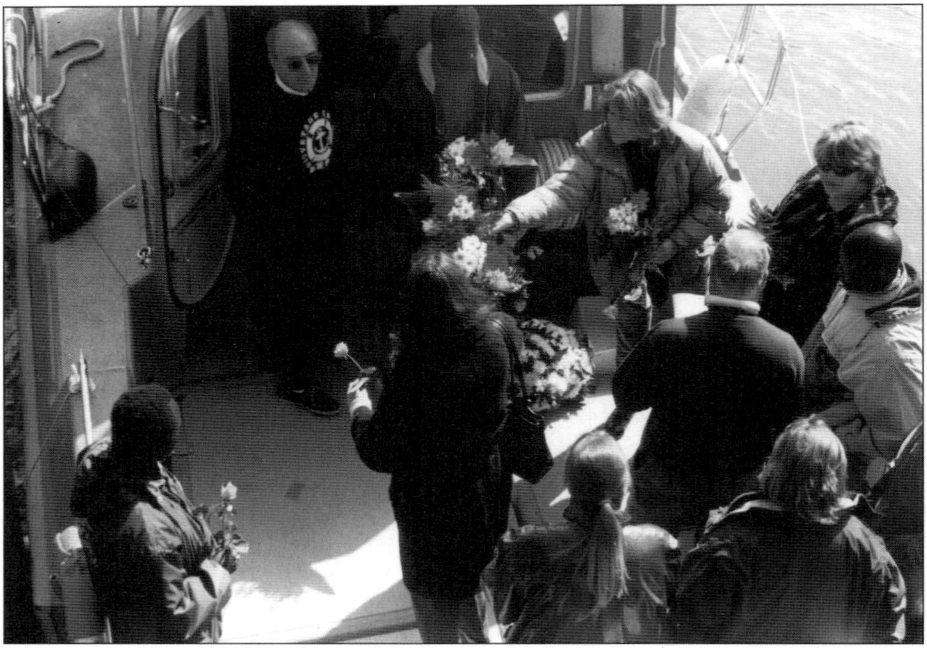

25 mars 2004, Monique Philip, présidente de l'association Femmes de Marins, donne à chacun les fleurs qui seront jetées à la mer.

Groupe de femmes de marins d'aujourd'hui.

Notes

1. *Cla* : parler gascon.
2. *Tillole* : petite barque légère, en bois, qui pouvait supporter un gréement.
3. La colonie agricole de Saint-Louis à Villenave-d'Ornon.
4. Loi Gouvion Saint-Cyr, 1818, qui rétablit la conscription abolie en 1814 et prévoit les exemptions.
5. Loi Guizot du 28 juin 1833 qui précise la notion d'école publique.
6. *Estey* : petit chenal se découvrant plus ou moins à marée basse.
7. Foène : harpon à plusieurs branches.
8. Le pays de Buch englobait, sous l'Ancien Régime, les villes de La Teste, Gujan, Giganos, Cazaux, Salles. Le mot Buch vient de l'ancien peuple des Boïens. La petite mer de Buch désigne le bassin d'Arcachon.
9. Crassat : zone de marais herbeux dans le fond du Bassin, découverte à marée basse.
10. *Péougue* : pêche à la rame dans l'Océan, avec des chaloupes, pratiquée en hiver.
11. Poème de J. B. Couve. Il fut l'un des premiers résidents arcachonnais. Son œuvre présente surtout un intérêt historique, car elle témoigne de la vie pendant le Second Empire. Ses premiers poèmes furent parfois chantés sur des airs des chansons d'Antoine Desaugiers (1772-1827, chansonnier).
12. *Aramey* : nom gascon des rameurs.
13. *« Dieu merci… c'est vrai… nous verrons. »*
14. *« A tout à l'heure. »*
15. *« Fais attention. »*
16. Nom du chenal de La Teste.
17. Aujourd'hui *a priori* disparues. La première se trouvait à la pointe du Germanan, et la seconde entre l'estey de Crastorbe et le port de l'île aux Oiseaux.
18. Jean Michelet (1835-1904), maçon à La Teste de Buch.
19. *Galipe* : écorce résineuse tombée au pied des pins au moment du gemmage.
20. Le corps du moulin existe toujours ; on peut le voir au port de Larros. Les ailes ont été enlevées à l'époque car l'administration exigeait la preuve de l'arrêt définitif de l'exploitation pour renoncer à l'encaissement de ses droits.
21. *Pariadge* : une émancipation qui date de la Révolution française, où des femmes commencent à s'engager dans les équipages masculins des *péougues*.

Mais le *pariadge* prive l'agriculture de bras féminins : les hommes ne veulent pas travailler la terre, il faut donc y maintenir les femmes. C'est pourquoi, en 1793, un arrêté déclare le *pariadge* « contraire aux bonnes mœurs ». Les femmes cependant, surtout pendant les guerres napoléoniennes qui accaparent les hommes, retrouvent la *péougue*.
22. Chaloupes pontées : recouvertes d'une pièce de bois à l'avant pour empêcher l'eau de rentrer.
23. Le phare du Cap-Ferret a été inauguré le 1er novembre 1840 ; il possédait alors un feu fixe. Il a été électrifié en 1928. Il fut détruit par les Allemands en 1944, puis reconstruit en 1948.
24. Le Moueng est l'actuel quartier de Saint-Ferdinand.
25. Ce débarcadère fut détruit lors du raz-de-marée de 1882. L'actuelle jetée d'Eyrac fut construite au même emplacement en 1912. La jetée Thiers, quant à elle, fut construite en 1903 par le maire Veyrier Montagnère.
26. *« C'est vrai... je te crois... nous verrons. »*
27. *« Fais attention. »*
28. Le moulin de Mestras n'existe plus. Il y avait un moulin par paroisse. Sur le Bassin aujourd'hui, il n'en reste plus que six, dont celui de Larros et celui de Bordes à La Teste.
29. *Crastes* : fossés de drainage des eaux.
30. Gustave Hameau (1827-1901), fils de Jean Hameau (1779-1851), il étudia les bienfaits de l'air et du climat arcachonnais pour le traitement de la tuberculose.
31. Chapelle réclamée par la population et obtenue en 1880. Une chapelle en bois existait déjà à Mestras, mais trop exiguë pour de grands événements.
32. Adalbert Deganne avait fait construire, en 1854, la réplique exacte du château Boursault (Marne), propriété de la petite-fille de la veuve Clicquot, dont il était l'amoureux éconduit.
33. Décret impérial du 29 février 1860 du Second Empire.
34. Thomas Illirycus (1485-1529) aurait, par ses prières, calmé l'Océan un jour de tempête, puis découvert une statue de la Vierge échouée sur le rivage, que l'on peut voir aujourd'hui à la chapelle des marins d'Arcachon.
35. En 1852, les chênes furent coupés par un usager pour construire son bateau, en vertu du droit d'usage dans la forêt.
36. Harry Johnston succède à Emile Coycaut, négociant à Bordeaux qui fait faillite avec ses deux premiers vapeurs en bois, l'*Emile Péreire* et l'*Hubert Delile*. Harry Johnston, marié à une riche Américaine, a plus de chance avec ses deux bateaux le *Cormoran* et le *Héron*, en fer, construits à Glasgow.
37. Elisée Reclus (1830-1905), auteur d'une *Géographie universelle*.
38. James Watt (1736-1819), ingénieur britannique, inventeur entre autres de la machine à vapeur industrielle.
39. Brisants : choc des lames contre les rochers.
40. *Pountoun d'arrousiney* : baiser sonore.

41. Les *esclopes* : les sabots.
42. « *Ça peut aller.* »
43. « *Viens vite, c'est l'heure !* »
44. « *Doucement, tout doucement…* »
45. Victor Hugo, *Les Pauvres gens* (in *La Légende des siècles*).
46. *Estacade* : petite jetée à claire-voie, soutenue par des pieux.
47. *Peychares* ou *pescaïres* : nom local de ceux qui pêchent. Aller à la pêche : aller à la *pesque*.
48. « *Ça peut aller !* »
49. Bâtarde : lame dangereuse, redoutée, dans les passes.
50. « *Sûrement ! c'est sûr !* »
51. Naufrage du *Pélican* en 1883. D'après certaines sources d'information de l'époque, la perte du *Pélican* serait la conséquence d'un abordage. Le navire était commandé par Pierre Desbats (1845-1883).
52. Les disparus du *Pélican* furent « officiellement décédés » sept ans après le naufrage.
53. J.-B. Couve, dans une série de poésies inédites écrites en 1854.
54. En 1897, soit quinze ans après son effondrement lors du raz-de-marée.
55. Le droit de grève est reconnu en France depuis 1884.
56. Aquiculture : premier nom de l'aquaculture.
57. Didier Moulin, mort à vingt-deux ans. Poème extrait d'un recueil *Le Toit sous les pins*, 1912.
58. Structure qui domine le pont du bateau : depuis le château, le capitaine domine l'ensemble de l'équipage.
59. Le Grand Hôtel avait été construit en 1866 et a complètement brûlé dans la nuit du 21 septembre 1906. C'était un hôtel de grand luxe avec ascenseur, éclairage électrique, bains de mer dans l'hôtel et coiffeur attaché à la maison. Le feu a provoqué un embrasement général d'une rapidité vertigineuse ; l'hôtel fut immédiatement évacué et les voyageurs en tenue de nuit répartis dans les autres hôtels. Le Grand Hôtel fut reconstruit le 16 juillet 1910.
60. Le *Courrier du Cap* : bateau qui assurait le transport des passagers et des marchandises entre Arcachon et le Cap-Ferret.
61. Duel entre Pierre Dignac, vingt ans, maire de La Teste, et Veyrier Montagnère, cinquante-deux ans, maire d'Arcachon. Une grande rivalité est née entre les deux communes depuis qu'Arcachon s'est émancipé de La Teste en 1857.
62. Journal local de l'époque.
63. La forme de leur coiffe rappelle vaguement une tête de sardine.
64. La Nouvelle, la première en France, munit ses morutiers de la TSF dès 1911-1912.
65. Henri Dunant (1828-1910), principal fondateur de la Croix-Rouge, prix Nobel de la paix 1901.

66. Une route sera construite en 1928, sous étroite surveillance, par des bagnards.
67. Gueules cassées : nom qui a été donné après la première guerre mondiale à tous les blessés du visage.
68. Vito Dumas, nageur émérite, puis navigateur solitaire, d'une résistance physique hors du commun. Il surmonte tous les obstacles pour réaliser sa traversée : Arcachon-Vigo-Canaries-Brésil-Argentine.
69. Caréner un bateau : en nettoyer les parties immergées.
70. Fusiliers marins : marins des unités de la Marine nationale, destinées à être utilisées à terre.
71. RAF : *Royal Air Force*, aviation anglaise.
72. *Pirelons* ou *marinaires* : nom des pêcheurs de l'Aiguillon.
73. Quelques armes ont encore été découvertes en 2004 lors de la construction de la nouvelle jetée.
74. *Godaille* : part de poisson ramenée par chaque marin à son retour de pêche.
75. Aujourd'hui, c'est la sixième génération du même nom qui continue à faire vivre le chantier.
76. Loup : série de bateaux à voiles de plaisance, débutée en 1930-1933 environ, et poursuivie jusqu'en 1955 environ. Tous les bateaux de cette série portaient un nom avec le son « ou », comme « oursin », et portaient une voile à tête de loup. Cet *Oursin* a commencé à être restauré en août 2005.
77. Association SOS santé Thiallane.
78. Théophile Gautier (1811-1872).

Généalogie

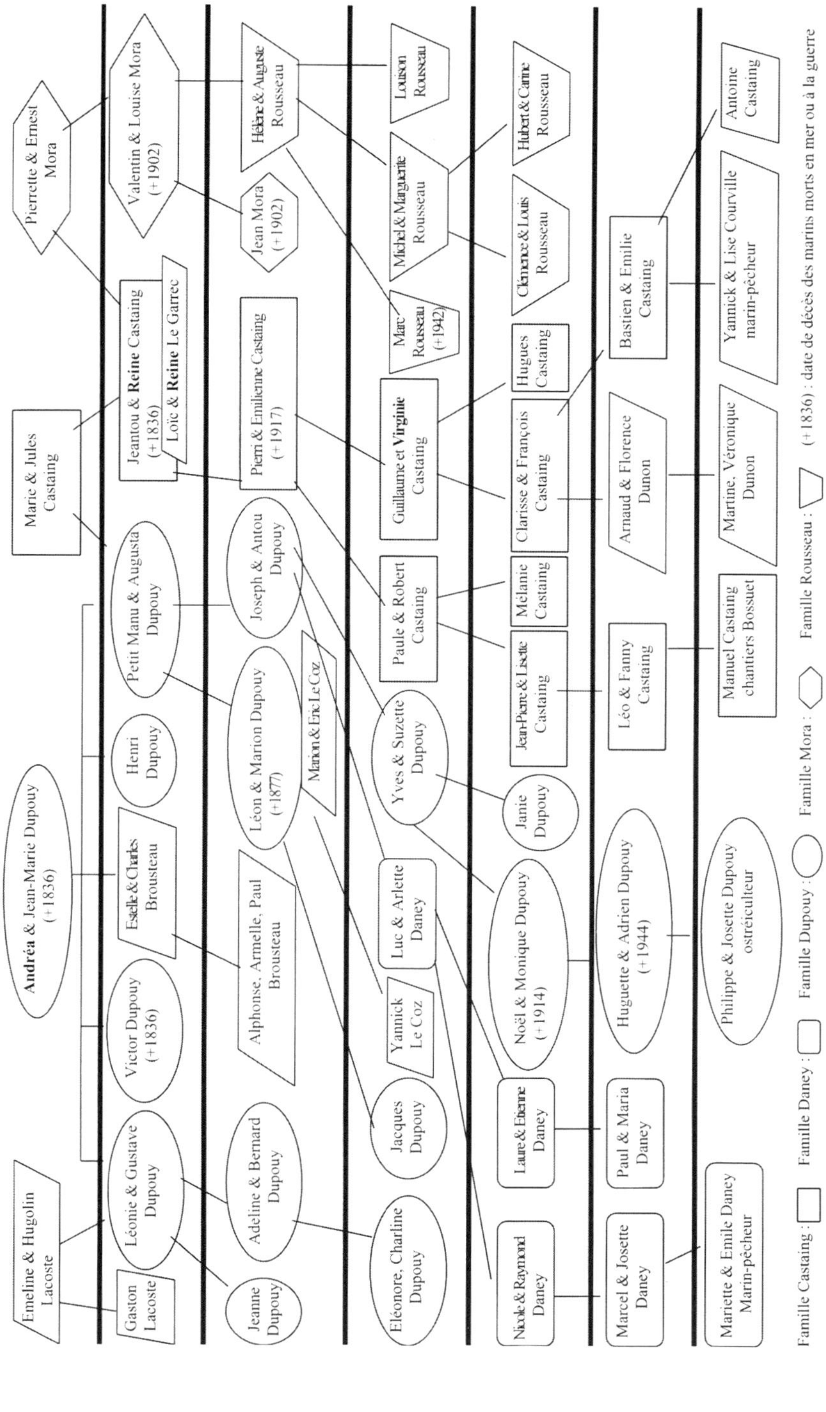

Emeline & Hugolin Lacoste
Gaston Lacoste
Léonie & Gustave Dupouy
Victor Dupouy (+1836)
Andréa & Jean-Marie Dupouy (+1836)
Estelle & Charles Brousteau
Henri Dupouy
Petit Manu & Augusta Dupouy
Marie & Jules Castaing
Jeantou & Reine Castaing (+1836)
Loïc & Reine Le Garrec
Pierrette & Ernest Mora
Valentin & Louise Mora (+1902)
Jeanne Dupouy
Adeline & Bernard Dupouy
Alphonse, Armelle, Paul Brousteau
Léon & Marion Dupouy (+1877)
Marion & Eric Le Coz
Joseph & Antou Dupouy
Pierri & Emilienne Castaing (+1917)
Jean Mora (+1902)
Hélène & Auguste Rousseau
Eléonore, Charline Dupouy
Jacques Dupouy
Yannick Le Coz
Luc & Arlette Daney
Yves & Suzette Dupouy
Paule & Robert Castaing
Guillaume et Virginie Castaing
Marc Rousseau (+1942)
Michel & Marguerite Rousseau
Louison Rousseau
Nicole & Raymond Daney
Laure & Etienne Daney
Noël & Monique Dupouy (+1914)
Janie Dupouy
Jean-Pierre & Lisette Castaing
Mélanie Castaing
Clarisse & François Castaing
Hugues Castaing
Clémence & Louis Rousseau
Hubert & Carine Rousseau
Marcel & Josette Daney
Paul & Maria Daney
Huguette & Adrien Dupouy (+1944)
Léo & Fanny Castaing
Arnaud & Florence Dunon
Bastien & Emilie Castaing
Mariette & Emile Daney Marin-pêcheur
Philippe & Josette Dupouy ostréiculteur
Manuel Castaing chantiers Bossuet
Martine, Véronique Dunon
Yannick & Lise Courville marin-pêcheur
Antoine Castaing
Famille Castaing : Famille Daney : Famille Dupouy : Famille Mora : Famille Rousseau : (+1836) : date de décès des marins morts en mer ou à la guerre

Bibliographie

Une histoire du bassin d'Arcachon entre Landes et Océan, sous la direction de Charles Daney et Michel Boyé, Mollat, 1995.
Le Bassin d'Arcachon, au temps des pinasses, de l'huître et de la résine, François et Françoise Cottin, Horizon Chimérique, 2000.
Dictionnaire du bassin d'Arcachon, Olivier de Marliave, Sud-Ouest, 2002.
Les Cahiers du Bassin, les Voiles d'Antan du bassin d'Arcachon.
Dictionnaire gascon/français, Yolande Vidal, Les Dossiers d'Aquitaine, 1999.
Arcachon, La Teste, Gujan-Mestras, Le temps retrouvé, Eliane Keller, Equinoxe, 1997.
L'Avenir d'Arcachon.
Documents de la Société historique et archéologique d'Arcachon :
Les Archives du bassin d'Arcachon.
Histoire du bassin d'Arcachon, Roger Galy, Princi Negue Editor, 2002.
Les Cribleurs d'océan, André Armandy, Lemerre, 1931.
Le Breton d'Arcachon, Jean Belot, Les Porteurs de Rêve, 2003.
L'Ermite d'Arcachon, Thomas Illyricus, Charles Daney et Jacques Guibillon, Loubatières, 1998.
Le Bassin d'Arcachon, collection Mémoire en Images, Jacques Clémens, Alan Sutton, 1997.
Râcleurs d'Océan, Anita Conti, Hoëbeke, 1993, Réédition.
Géants des mers chaudes, Anita Conti, Hoëbeke, 1995, Réédition.
The Clyde, a Portrait of a River, Michael Moss, Lomond, 2002.

Du même auteur

L'Ecole du manguier. Un pari, une réussite au Burkina Faso, L'Harmattan, Paris, 1994.
Le Chant du ressac, L'Harmattan, Paris, 2000.
Une institutrice suppléante dans la tourmente de l'Occupation. Bordeaux 1939... 1945, L'Harmattan, Paris, 2002.